hänssler

DIE
LOGOS
STORY

ELAINE RHOTON

Die Deutsche Bibliothek – CIP-Einheitsaufnahme

Rhoton, Elaine:
Die Logos-Story / Elaine Rhoton. [Übers. von Tobias u. Heike
Schultz]. – 3. Aufl. – Neuhausen/Stuttgart : Hänssler, 1995
(TELOS-Bücher ; 554 : TELOS-Taschenbuch)
Einheitssacht.: The Logos story ‹dt.›
ISBN 3-7751-1414-9
NE: GT

3. Auflage 1995
TELOS-Taschenbuch 554
Bestell-Nr. 70.554
© Copyright 1988 by STL Books, Bromley, England
Originaltitel: The Logos Story
Übersetzt von Tobias und Heike Schultz
© Copyright 1989 by Hänssler-Verlag, Neuhausen/Stuttgart
Umschlaggestaltung: Daniel Dolmetsch
Printed in Germany

Inhalt

Vorwort

Judith Fredricsen warf sich ruhelos auf dem schmalen Krankenbett hin und her. Der Rumpf des Schiffes ächzte und stöhnte in der schweren See. Die Szenen des vergangenen Tages wirbelten durch den Kopf der jungen, hübschen Neuseeländerin. Der ereignisreiche Ausflug in die argentinischen Berge, dann der Sturz auf dem rutschigen Boden. An einem scharfen Felsen hatte sie sich übel verletzt, auf die Arme ihrer Freunde gestützt war sie dann zurück zum Schiff gehumpelt. Die Schiffsärztin der Logos hatte sie untersucht, ihr Bein verbunden und ihr Bettruhe verordnet.

Am nächsten Morgen hatte das Bein böse ausgesehen. Die Ärztin hatte sie röntgen lassen. Diagnose: Bänderriß. Das geschwollene und verfärbte Bein mußte in einer Gipshalbschale ruhiggestellt werden.

Und jetzt lag Judith allein in der ungewohnten Umgebung des Schiffskrankenzimmers. Es war ruhiger hier als in den Kabinen. Aber der Schlaf wollte trotzdem nicht kommen. Wenn es doch bald Morgen wäre!

Plötzlich zuckte sie zusammen. Ein Kreischen und Knirschen wie von Metall, das über Fels schrammt, zerriß die Dunkelheit. Judiths Hals schnürte sich zu. Sofort war ihr klar, daß etwas Ernstes passiert war. »Warum muß ich gerade jetzt mein Bein in diesem blöden Gips haben!« schoß es ihr noch durch den Kopf. Hastig setzte sie sich auf und tastete mit dem gesunden Bein nach dem Fußboden.

Seit fünfzehn Monaten war Bagus Surjantoro aus Indonesien an Bord der Logos. Er fühlte sich schon wie zu Hause hier, man lebte wie in einer großen Familie.

Diesen Abend hatte er lange im Büro gesessen, um das Programm für Konferenzen im nächsten Hafen noch einmal zu überarbeiten. Gegen halb elf war Nimrod Twanie, der fröhliche, bescheidene schwarze Junge aus Südafrika, hereingekommen und hatte Bagus mit sanfter Gewalt ins Studio gezogen, wo schon die anderen Mitglieder des frischgebackenen Gesangsquartetts warteten. »Jetzt wird geübt«, sagte Nimrod und schlug ein altes englisches Kirchenlied vor, das ihm schon den ganzen Tag nicht aus dem Sinn ging: »Rock of Ages« (Fels des Heils).

Bagus kannte das alte Kirchenlied gut. Aber was um aller Welt hatte es mit dem Thema der Evangelisationskonferenz am kommenden Donnerstag zu tun? Bagus protestierte. Man einigte sich schließlich auf einen Kompromiß: erst »Rock of Ages«, dann ein anderes Lied. Eigentlich nur ein kleiner Vorfall; später bekam er für sie jedoch eine besondere Bedeutung.

Sie übten wohl eine Stunde lang. Es war jetzt sehr spät, höchste Zeit, schlafen zu gehen. Bagus sah noch einmal im Büro nach dem Rechten, dann ging er in die Kabine, die er mit elf anderen jungen Männern teilte. Leise zog er sich aus, kletterte in seine Koje, las noch einen Abschnitt aus seiner Bibel und betete. Dann kroch er unter seine Decken. Es war fast Mitternacht.

Plötzlich ein heftiger Stoß, ein lautes Krachen. Ein Zittern lief durch den Rumpf des Schiffes, dann lag es still. Sekundenlang sagte niemand etwas in der Kabine, dann sprangen sie alle gleichzeitig aus den Kojen, sahen sich erschrocken an und redeten alle wild gestikulierend durcheinander: »Que pasó? Que pasó? Was ist los?«

Vor jeder neuen Fahrt mit der Logos wurde Linda Wells reizbar und hatte mit Niedergeschlagenheit und lähmender Angst zu kämpfen. Sie erinnerte sich noch zu gut an die letzte Reise, als das Schiff in schwerer See plötzlich steuerbord von einer riesigen Welle getroffen worden war. Das Schiff war zur Seite gerollt, daß die Schubladen aus der Kommode rutschten und die Bücher von den Regalen fielen. Linda hatte geschrien vor Angst. Am nächsten Tag war sie wütend gewesen, wütend auf ihre Angst, auf das Schiff und vielleicht auch ein wenig auf Gott.

Als sie auf Deck gegangen war, hatte sie innerlich ausgerufen: »Herr, ich hab einfach kein Vertrauen in diese schwimmende Badewanne!« Und etwas wie eine leise Stimme hatte geantwortet: »Du brauchst auch kein Vertrauen in diese Badewanne zu haben. Vertraue einfach mir!«

Damit beruhigte sie sich. Wenig später erfuhr sie, daß das Schiff nicht die Route durch die Magellanstraße nehmen würde, wie sie gedacht hatte, sondern weiter Richtung Süden die Spitze des südamerikanischen Kontinents umschiffen würde. Die altbekannten Gefühle der Angst und Unsicherheit befielen sie aufs neue. Von einer dunklen Vorahnung befallen, bat sie den Kapitän und ihren Mann inständig, doch eine andere Route einzuschlagen. Beide versuchten, sie zu beruhigen. Aber Linda gab so leicht nicht auf und ging zur Schiffsärztin.

»Sieh mal, wir werden vier Tage auf See sein, und ich werde immer ganz furchtbar seekrank. Ich bin schwanger, und das ist bestimmt nicht gut für das Baby. Sollte ich nicht besser über Land zum nächsten Hafen reisen?« fragte sie die Schiffsärztin.

»Nein, Linda«, war die Antwort, »du hattest bereits eine Fehlgeburt. Ich meine, daß es am besten ist, wenn du an Bord bleibst, wo wir uns um dich kümmern können.« Nach heftigen inneren Kämpfen entschloß sich Linda schließlich, diese Entscheidung anzunehmen.

Am Abend lief das Schiff aus Ushuaia, Argentinien, aus. Linda war selbst erstaunt über ihre Ruhe. Trotzdem hatte sie irgendwie den Eindruck, sie sollte eine Tasche mit warmen Kleidern, Keksen und Saft für ihre kleine Tochter Aimee packen, als ob sie gewußt hätte, was auf sie zukommt, dachte sie später. Nach diesen Vorbereitungen schlüpfte sie gänzlich angezogen ins Bett, worüber sich ihr Mann köstlich amüsierte. Sie murmelte vor sich hin: »Herr, eigentlich hab ich doch gar keine Angst, warum mache ich das alles?«

Und wieder hörte sie diese ruhige, leise Stimme: »Linda, ich werde etwas tun, was dich völlig in Erstaunen versetzen wird.« »Das kann nur bedeuten, daß wir Schiffbruch erleiden oder daß wir ein besseres Schiff bekommen«, dachte sie gerade noch vorm Einschlafen.

Zwei Stunden später wurde Linda durch das laute, häßliche Geräusch des über Fels schrammenden Schiffes jäh aus dem Schlaf gerissen. Mit einem Satz sprang sie über ihren Mann Graham hinweg aus dem Bett, ergriff die gepackte Tasche und einen warmen Mantel und zog Aimee von der obersten Liege herunter.

»Nun übertreib nur nicht«, beruhigte sie Graham, der noch ganz verdutzt und schlaftrunken dastand, ohne zu begreifen, was passiert war. »Wahrscheinlich haben wir nur den Lotsen von Bord gelassen.«

Linda hielt diese Bemerkung für reichlich dumm und mußte einen Anflug von Gereiztheit unterdrücken. Beim Verlassen der Kabine sagte sie nur noch zu Graham: »Wenn du soweit bist, wärest du dann so freundlich, die Rettungswesten mitzubringen?«

Es war der 4. Januar 1988, kurz vor Mitternacht. Für die Logos war es der Anfang vom Ende.

10

Der Anfang

In den späten 50er Jahren erschien George Verwer und anderen um ihn wohl nichts abwegiger als ein Schiff. Sie waren nur eine kleine Gruppe von Bibelschülern in der Gegend von Chicago. Ihre einzige Sorge war die, an einen fahrbaren Untersatz zu kommen, mit dem sie sich selbst und ihre Sachen während der Ferien nach Mexiko transportieren konnten. Für mittellose Studenten war das gar nicht so einfach. Trotzdem waren sie fest entschlossen, ihren Sommerurlaub in Mexiko zu verbringen, allerdings nicht, um im einladend klaren Wasser zu baden und sich faul in der Sonne zu aalen. Sie hatten Wichtigeres vor.

Man hatte ihnen erzählt, daß Mexiko ein Land sei, in dem es viele religiöse Menschen gäbe, die fest an Gott glaubten. Allerdings wüßten nur wenige, daß es möglich sei, Gott persönlich zu kennen. Es fehlte ihnen die wichtigste Erfahrung im Leben überhaupt! Dieser schlimmen Situation mußte abgeholfen werden. »Wir können zwar nicht alles tun«, sagten sich die Studenten, »aber unseren Teil können wir beitragen.«

Sie hatten große Ideale, aber wie sollte man sie ohne Autos oder einen Kleinbus in die Tat umsetzen? Für die Studenten schien keine Lösung in Sicht, aber es war ihnen klar: Wenn die Arbeit wirklich Gottes Arbeit war, dann würde er auch für die Lösung sorgen. Und so verbrachten sie viele Stunden im Gebet.

Ein junger Mann, der zu ihren wöchentlichen Gebetsversammlungen kam, hörte, wie sie um ein Transportmittel beteten. Sofort fiel ihm sein Onkel ein, der einen LKW-Park hatte. Vielleicht konnte er ja einen den Studenten für die Reise geben.

»Na klar«, erklärte der Onkel sich einverstanden, als die jungen Männer ihn fragten: »Seht ihr diesen alten LKW dort drüben? Den können sie haben, wenn sie wollen. Aber eins kann ich dir sagen: Über Chicago hinaus werden sie damit nicht kommen, geschweige denn bis nach Mexiko.«

Ein paar Tage später fuhr der LKW, vollgepackt mit Studenten, christlicher Literatur und Traktaten, nach Mexiko. Sie kamen alle heil und gesund nach Mexiko und zurück, und nicht nur das: Die gleiche Reise unternahmen sie noch zweimal!

In den frühen 60er Jahren wurde die gleiche Aktion in viel größerem Umfang dann erstmalig in Europa gestartet. Die Studenten hatten inzwischen ihre Examina hinter sich. Zwei oder drei waren nach Mexiko gezogen, um dort zu arbeiten. Andere hatten sich Europa zugewendet. Ihr Ziel war das gleiche: den Menschen zu sagen, wie spannend es sein kann, eine persönliche Beziehung zu Gott zu haben. Auch die Arbeitsweise war die gleiche: das Verteilen christlicher Literatur und das persönliche Gespräch mit einzelnen. Die Transportfrage erwies sich immer wieder als ein Problem.

Der Gedanke an die Größe und Vielfalt Europas nahm den jungen Leuten fast den Mut. Was konnten da ein paar Dutzend Frauen und Männer schon ausrichten? Sicherlich hatten sie einen wichtigen Beitrag zu leisten, aber dies alleine würde nicht ausreichen. Wie könnte man mehr Menschen – und zwar sehr viele mehr – für diese Aufgabe begeistern?

George Verwer hatte die Antwort: »Die schon bestehenden Gemeinden müssen mitmachen! Wenn wir in eine Stadt kommen, müssen wir die verschiedenen Kirchengemeinden zur Mitarbeit bewegen, anstatt zu versuchen, alles selbst zu tun. Sobald die Menschen persönlich mitarbeiten und sehen, wie Gott sie gebrauchen kann, werden sie weitermachen wollen, auch wenn wir dann bereits wieder abgereist sind.«

Dies war der Anfang der Organisation Operation Mobilisation, die bald besser unter dem Namen OM bekannt war. Der Gedanke, Gottes Volk zu mobilisieren, um die von Gott entfremdeten Menschen in Europa zu erreichen, griff wie ein Lauffeuer um sich. Jeden Sommer trafen sich Hunderte von jungen Menschen aus den verschiedensten Kirchen, um an einem mehrtägigen Orientierungs- und Schulungskurs teilzunehmen und sich dann in kleine Gruppen aufzuteilen. Mit Schlafsäkken, Luftmatratzen und einer großen Menge christlicher Literatur ausgestattet verstreuten sie sich über ganz Europa und arbeiteten mit interessierten Kirchen und Gemeinden in deren Umgebung zusammen. Manchmal übernachteten die Teams auf Campingplätzen, oft aber auch einfach auf Fußböden in Kirchengebäuden.

Trotz des sehr einfachen Lebensstils waren die Finanzen immer noch ein großes Problem. Die meisten der jungen Menschen hatten selbst kein Geld, und OM hatte auch keine Mittel, sie zu bezahlen oder auch nur ihre Kosten zu decken. Interessierte Gemeinden und Freunde besorgten die finanziellen Mittel. Wenn diese Mittel nicht ausreichten, was oft der Fall war, deckte Gott den Bedarf aus anderen Quellen. Sie lebten nie im Überfluß, aber Gott versorgte sie stets mit allem, was sie brauchten.

Im Herbst 1963 brach das erste OM-Team nach Indien auf. Normalerweise war es üblich, daß die jungen Leute, die inzwischen unter dem Namen OMer bekannt waren, nur einige Wochen im Sommer im Einsatz waren. Dieses Team hatte die Absicht, ein oder zwei Jahre zu bleiben. Jedes Jahr im Herbst sollte dann ein neues Team von Europa aus das alte ablösen.

Wie schon beim ersten Einsatz in Mexiko blieb auch hier die Transportfrage ein Problem. Ein Flug wurde nie in Betracht gezogen, dafür fehlte das Geld. Statt dessen benutzten die OMer alte LKWs, die schon reichlich mitgenommen waren, und stopften sie bis zur letzten freien Ecke mit Literatur voll. Die Reise wurde zur Strapaze: verschneite Berge, karges, trostloses Ödland und Straßen, die man kaum als solche erkennen konnte.

Als George Verwer wieder einmal in einem dieser LkWs durchgeschüttelt wurde und sich vergebens drehte und wendete, um eine weniger unbequeme Lage zu finden, ärgerte er sich über die nutzlos mit Reisen zugebrachte Zeit. Er war voller Ungeduld, Indien zu erreichen. »Es muß doch eine bessere Möglichkeit geben«, dachte er. Trotz des einfachen, ja geradezu primitiven Reisestils waren die Kosten in seinen Augen astronomisch hoch. »Ideal wäre es«, überlegte George, »das Reisen mit dem eigentlichen Reiseziel zu verbinden: Literatur zu verteilen und mit Menschen über den Glauben ins Gespräch zu kommen.« Langsam und noch undeutlich begann ein Gedanke in ihm heranzureifen.

Einige Monate später, zurück in England, saß er gemütlich mit einigen OM-Verantwortlichen zusammen. Sie unterhielten sich über dies und das, und jemand kam auf die Idee, ein Schiff für Evangelisationen zu benutzen. »Das ist es, was wir brauchen!« rief George und griff die Idee voll Begeisterung auf. »Danach suche ich schon seit Monaten! Stellt euch nur mal vor, was wir alles mit einem Schiff machen könnten! Was für Möglichkeiten wir hätten! Wieviel Geld wir allein an Reisekosten sparen könnten!«

Er begann auszurechnen, wieviel Geld man mit einem Schiff sparen und wieviel Zeit man sinnvoll einsetzen könnte, die sonst durch das Reisen über Land verloren ginge. Seine Begeisterung war ansteckend. Bald sprühte jeder im Raum nur so vor Ideen; einige der Vorschläge waren verrückt, andere einfach witzig, manche aber auch durchaus ernstzunehmen. Möglicherweise fiel bei dieser Gelegenheit zum ersten Mal der Name Logos (Das Wort).

Diese Reaktion ermutigte George, seine Idee einer größeren Gruppe von OM-Verantwortlichen vorzustellen. Diese Leute kannten George als einen Mann von ganz erstaunlicher schöpferischer Kraft. Scheinbar mühelos sprudelte er nur so vor originellen Ideen, anschaulichen Vergleichen und humorvollen Bemerkungen. Oft war seine Sicht der Dinge recht ungewöhnlich, die Entwicklung von OM hat er jedoch mit seiner Art sehr geprägt. Manche seiner Ideen waren auch völlig verrückt und impraktikabel, aber interessant waren sie immer.

Als nun George die Idee eines seetüchtigen Schiffes vorstellte, folgten ihm seine Zuhörer mit gespannter Aufmerksamkeit. Selbst wenn er von wirklich ernsten Dingen sprach, konnte er noch humorvolle Seitenhiebe einstreuen und seine Zuhörer zu wahren Lachsalven veranlassen. Auch diesmal lachten sie. Und doch, trotz des Gelächters versuchten sie, seine Idee ernstzunehmen. Zum gegenwärtigen Zeitpunkt erschien sie jedoch noch zu abwegig und unrealistisch, um jemals in die Tat umgesetzt werden zu können.

George ließ jedoch nicht locker. Er hatte von einem Schiff in Schweden gehört, das verkauft werden sollte, und fuhr sofort hin. Als er das Schiffsinnere begutachtete, kamen ihm unzählige Ideen, was man mit dieser Einrichtung alles tun könnte. Zu jener Zeit waren alte Schiffe nicht sehr gefragt, da man zuviel Arbeit hineinstecken mußte, um sie seetüchtig zu erhalten. Deshalb wurden sie zu Niedrigstpreisen verkauft. Dieses bestimmte Schiff, das ca. 100 Leute an Bord nehmen konnte, sollte 100 000 DM kosten. George mußte an die vielen zerbeulten LKWs denken, die OM billig gekauft, fahrtüchtig gemacht und jahrelang zum Transport der OMer benutzt hatte.

Nun war er restlos überzeugt, daß OM ein Schiff kaufen sollte. Nicht unbedingt das Schiff, das er gerade besichtigt hatte, aber doch eines, das für die zahlreichen Ziele, die ihm vorschwebten, eingesetzt werden konnte. Viele Überlegungen waren noch nötig. Was für eine Art Schiff wurde genau benötigt? Zunächst mußten jedoch andere von den unglaublichen Möglichkeiten eines solchen Schiffes überzeugt werden. Um Klarheit in seine Gedanken zu bringen und sie einem weiten Personenkreis bekanntmachen zu können, schrieb er sie nieder und veröffentlichte sie.

Ein Jahr verging, und nichts geschah. Ein zweites Jahr verging, immer noch geschah nichts. Kaum jemand, der mit Schiffen zu tun hatte, zeigte das geringste Interesse. Von den Antworten, die er bekam, waren mindestens 80 % negativ. Von einem der OM-Verantwortlichen in Indien bekam er einen scharf formulierten Brief, der diese »wahnwitzigen Ideen« in etwa so verurteilte: »Wir müssen hier in Indien um jedes Traktat kämpfen, und du machst dir in London darüber Gedanken, wie du möglichst viel Geld für einen Haufen Schrott aus dem Fenster werfen kannst.«

»Warum ein Seeschiff für die Weltevangelisation?« lautete die Überschrift des Flugblattes. Es gelangte in die Hände eines jungen Mannes in Seemannsuniform, der es las und so auf das Vorhaben aufmerksam wurde. Er sollte entscheidend zur Realisierung des Projekts beitragen. Es handelte sich um einen vielversprechenden Schiffsoffizier in der Handelsflotte Großbritanniens.

Das Leben auf See bringt viele Versuchungen mit sich – Alkohol, Sex und viele andere Dinge. Aber dieser junge Mann lebte als klares christliches Vorbild. Als erster Offizier in einem großen Unternehmen war er bereits als Kapitän qualifiziert und hatte die besten Aussichten auf Beförderung. Nach einem lebhaften Briefwechsel mit George Verwer und viel Gebet hängte er seine vielversprechende Karriere an den Nagel, um einen Monat lang mit OM zusammenzuarbeiten. Er war sich nicht sicher, ob OM der richtige Platz für ihn war, aber er war bereit, diese Frage zu untersuchen. 1966 verpflichtete er sich ganz für das Schiffsprojekt.

Gott hatte genau das richtige Team zusammengerufen, um den Traum eines Schiffes Wirklichkeit werden zu lassen. Der britische Kapitän war in der Lage, das nötige Fachwissen einzubringen, und seine bloße Anwesenheit verlieh dem Unternehmen so etwas wie Seriosität und Glaubwürdigkeit. George Verwer dagegen war der Mann, der die Vision und die Dynamik besaß, das Projekt voranzutreiben.

Der junge Schiffsoffizier war ein Paradebeispiel eines adretten britischen Kapitäns: groß und blond, makellos gekleidet in dunklem Anzug mit Fliege und in kerzengerader Haltung. Was er als Seemann anpackte, das machte er richtig – und durch seine Ausbildung und Erfahrung wußte er auch, was wie zu tun war.

Ein schärferer Kontrast zu George Verwer war kaum denkbar. George war ein wahres Energiebündel: dünn, drahtig, ständig geistig oder physisch in Bewegung. Er bewunderte Perfektion, aber das Entscheidende war die Tat. Außerdem kannte er sich in der Seefahrt so gut wie gar nicht aus, als er die Idee mit dem Schiff in die Welt setzte. Nichtsdestotrotz entwickelte er bald einen enormen »Appetit« auf alle Veröffentlichungen zum Thema Schiffahrt und las alles, was er zwischen die Finger bekommen konnte. Er besichtigte Schiffe und sprach mit Leuten vom Fach. Er fuhr sogar mit einem gläubigen indischen Lotsen mit, der Schiffe in Bombay in Indien lotste und ließ sich unterwegs von Schiffsoffizieren alles mögliche aus der Seefahrt erklären.

Diese beiden so unterschiedlichen Persönlichkeiten kamen zwangsläufig auch zu unterschiedlichen Ansichten. Als einziger professioneller Seemann unter den OMern fühlte sich der britische Kapitän oft als »Mann unter Kindern«, wie er es ausdrückte. Wie konnte er mit Mitarbeitern sprechen, denen der Hintergrund fehlte, um den Inhalt und die Wichtigkeit dessen, was er sagte, zu verstehen und zu würdigen? So gab es immer wieder Meinungsverschiedenheiten hinsichtlich der Art des Schiffes. Welche Eigenschaften waren notwendig, um den Dienst zu erfüllen, der George und anderen OMern vorschwebte? Was war tatsächlich umsetzbar, und was waren bloß nicht zu verwirklichende Träume von Laien, die von der Seefahrt keine Ahnung hatten? Noch schwieriger war die Frage der Mannschaftszusammenstellung. Sollte diese nur aus Seeleuten bestehen? Sollten sie ein Gehalt erhalten? Und die heikelste Frage: Wer hätte die Autorität? Wer hätte das letzte Wort? Der Kapitän oder George Verwer als Direktor von OM?

Diese Fragen waren nicht leicht zu beantworten. Das OM-Schiff würde ein einzigartiges Schiff sein und sich von jedem normalen Schiff in der Geschäftswelt wesentlich unterscheiden. Niemand konnte sich genau vorstellen, wie ein solches Schiff eingesetzt werden sollte. Denn niemand hatte je versucht, ein derartiges Unternehmen in der Größenordnung, wie es George und dem Kapitän vorschwebte, in Angriff zu nehmen.

Nachdem sich der Kapitän dem Schiffsprojekt verpflichtet hatte, sprachen er und George in den vier darauffolgenden Jahren einzeln oder gemeinsam in Hunderten von Veranstaltungen. Jedes Mal sprachen sie voll Begeisterung von ihrer Vision eines Schiffes und forderten die Christen heraus, dafür zu beten. Die Menschen

18

ließen sich anstecken und nahmen die Herausforderung an.

Natürlich waren auch praktische Fragen zu berücksichtigen. Es mußte ein geeignetes Schiff zu einem annehmbaren Preis gefunden werden. Noch schwieriger war es, Seeleute zu finden, die bereit waren, gut bezahlte Positionen für einen Dienst zu verlassen, der noch nicht einmal existierte.

Gott hatte sich in seiner Weisheit ein Schiff ausgesucht, dessen Dienst dem Leben von Tausenden von Menschen in der ganzen Welt eine neue Richtung geben sollte. Jedoch verlief die Entwicklung anders, als George Verwer und andere erwartet hatten. Ursprünglich hatte George geplant, mit dem Schiff Mitarbeiter nach Indien zu transportieren, aber für diesen Zweck wurde das Schiff nie richtig eingesetzt. Und der englische Kapitän, der das Projekt zu verkörpern schien, ihm Glaubwürdigkeit verliehen und viele andere Seeleute motiviert hatte, sich dem Schiff zu verpflichten, fuhr letztlich nie als sein Kapitän mit.

Jetzt ist die Stunde

Jung, kräftig, voller Energie und begierig, alles mitzunehmen, was das Leben zu bieten hat, flog Björn Kristiansen nach Indonesien, um auf einem norwegischen Öltanker das Kommando zu übernehmen. Vier Jahre später kehrte er nach Norwegen zurück; diesmal, um direkt in ein Krankenhaus eingeliefert zu werden. Er war von einer seltsamen Krankheit befallen, die zu Schwächezuständen führte. Diagnose: Wassersucht. Durch einen Herzfehler sammelte sich in seinen Beinen Wasser an. Mehrere Operationen brachten nicht die erhoffte Besserung, sondern führten schließlich zu wochenlangem Koma. In regelmäßigen Abständen wurde untersucht, ob sein Gehirn noch arbeitete. Er hatte kaum Überlebenschancen. Während einer dieser Untersuchungen nach seiner letzten Operation erlangte Björn wider Erwarten das Bewußtsein. Der dicke Schlauch in seiner Kehle hinderte ihn daran, sich bemerkbar zu machen. Die Krankenschwester hatte jedoch die Veränderung in ihm bemerkt und begann, leise mit ihm zu sprechen. Sie sagte ihm, daß er sehr krank sei. Wahrscheinlich würde er sterben. Wenn er jedoch sein Vertrauen in den Herrn Jesus setzen würde, würde er ewiges Leben empfangen und in Ewigkeit mit ihm leben.

Björn interessierte solches Gerede nicht besonders. Wie die meisten jungen Männer hatte er nie einen ernsthaften Gedanken an Gott verschwendet. Nicht, daß er etwas gegen Gott gehabt hätte, nein, nur schien Gott ihm einfach nicht wichtig zu sein. Selbst jetzt, angesichts des Todes, wollte Björn nichts von Gott hören und wünschte, die Schwester würde still sein. Gleichzeitig bemerkte er jedoch, daß sie ernsthaft um ihn besorgt war und freute sich irgendwie darüber. Als sie ihm schließlich vorschlug, für ihn zu beten, nickte er fast unmerkbar aus Höflichkeit und in der Annahme, daß sie nun fertig sei.

Das war jedoch nicht der Fall. Sie hatte nicht einfach höflich das Gespräch abbrechen wollen, sondern begann tatsächlich, am Bett zu beten. Plötzlich wurde Björn bewußt, daß Gott für diese Frau Wirklichkeit war. Sie sprach mit jemandem, den sie gut kannte, und sie betete inständig für ihn, Björn. Eine Sehnsucht stieg in ihm auf, Gott so gut zu kennen, wie sie ihn kannte, seine Gegenwart und Nähe so zu spüren, wie sie sie spürte. Aus ganzem Herzen rief er voller Sehnsucht nach Gott. Als die Schwester zu Ende gebetet hatte, wußte Björn, daß Gott bei ihnen im Zimmer war.

An jenem Nachmittag wurden die Schläuche entfernt, und Björn war in der Lage, etwas Nahrung und Wasser zu sich zu nehmen. Zum ersten Mal seit vielen Monaten konnte er seinen wundgelegenen Körper drehen und auf der Seite schlafen. Welche Erleichterung! Am nächsten Tag konnte er auf der Bettkante sitzen und seine Füße baumeln lassen. Bald fing er an, wieder laufen zu lernen. Er wurde von der Intensivstation auf eine normale Krankenstation verlegt. Björn hatte allen Grund, guter Laune zu sein, aber er war es nicht. Im Gegenteil, er war völlig niedergeschlagen. Er wußte, daß Jesus sein Leben berührt hatte, aber genau dieser Umstand schien seine Niedergeschlagenheit nur zu verstärken. Bilder aus seiner Vergangenheit drängten sich immer wieder in seine Gedanken und machten ihm bewußt, daß er ein sündiges Leben gelebt hatte. Er fühlte sich wie erdrückt von einer Schuldenlast.

Voller Verzweiflung sagte er sich schließlich: »Ich muß jemanden finden, mit dem ich reden kann!« An jenem Abend schlich er sich heimlich aus dem Krankenhaus und fuhr im Taxi zur Seemannsmission in der Stadt. Er stellte sich vor und erklärte, daß er gerade aus dem Krankenhaus weggelaufen sei. Der Pastor bat ihn herein und rief im Krankenhaus an, um die Angelegenheit zu regeln. Dann ließ er sich in einem Sessel nieder und forderte Björn auf, sein Herz auszuschütten. Als der nun begann, von seinem vergangenen Leben zu erzählen, war es, als wenn Schleusen geöffnet worden wären: Wie ein Sturzbach sprudelten die Worte aus Björn hervor.

»Moment mal«, unterbrach ihn der Pastor, nachdem er aufmerksam zugehört hatte, »jetzt ist es für Sie an der Zeit, zu erfahren, was Gott über Menschen in Ihrer Situation sagt.« Er öffnete seine Bibel, las verschiedene Bibelstellen vor und beschrieb die schwere Schuld der Menschen und das, was Jesus für uns getan hat. Zum ersten Mal in seinem Leben hörte Björn die »Gute Nachricht« der Bibel, daß Jesus gestorben ist, um die Strafe für unsere Schuld zu tragen, damit die Menschen Vergebung empfangen könnten. Er begriff schließlich, daß Jesus heute noch lebt und daß es möglich ist, ihm zu folgen und sein Leben seiner Regie zu überlassen. Dann stellte ihm der Pastor geradeheraus die entscheidende Frage: »Sie wissen jetzt, daß Jesus Ihr Leben berührt hat und Sie ruft, ihm zu folgen. Was wollen Sie tun?«

Björn entschloß sich, die Herausforderung anzunehmen und Jesus nachzufolgen. Er und der Pastor beteten zusammen. Als Björn die Seemannsmission verließ, war er ein neuer Mensch. Er war so verwandelt, daß es jedem auffiel. Sogar in den Krankenhausaufzeichnungen wurde ein Wechsel von einem anhaltenden Zustand der Depression zur Ausgeglichenheit vermerkt. Eine Woche später, am 26. Oktober 1967, wurde Björn aus dem Krankenhaus entlassen. Er ging nach Hause, fest entschlossen, ein ganz neues Leben zu führen. Seine Freunde waren skeptisch und sagten ihm im voraus, daß diese

Veränderung nicht länger als ein paar Tage, höchstens einen Monat andauern würde. Sie sollten sich irren. Gott gebrauchte Björn Kristiansen in entscheidender Weise, um den Dienst der MV Logos ins Leben zu rufen.

Nach einigen Monaten war Björn wieder ganz hergestellt und ging zurück auf See nach Indonesien. Dort traf er viele Christen und nahm häufig an verschiedenen christlichen Veranstaltungen teil. In dieser Zeit kam ihm der Gedanke, daß ein kleines Schiff die gute Nachricht von Jesus Christus den Menschen auf den 13 000 Inseln Indonesiens bringen könnte. 1970 kehrte er nach Norwegen zurück in der Absicht, ein solches Schiff ausfindig zu machen. Während eines Besuches in London nahm er an einem Treffen von Christen teil, die bei der bekannten Schiffahrtsversicherungsgesellschaft Lloyds arbeiteten, und sprach bei dieser Gelegenheit von seiner Idee. Nach der Veranstaltung kam jemand auf ihn zu und erzählte ihm von einer Gruppe namens OM, die seit sechs Jahren für Offiziere, eine Mannschaft und ein Schiff betete.

Björn nahm sofort Kontakt mit dem englischen Kapitän auf. Dieser bot Björn die Stellung des ersten Offiziers auf einem Schiff an, das noch nicht existierte. Außerdem bat er ihn, ihm zu helfen, ein geeignetes Schiff zu finden.

Lange Zeit war der englische Kapitän der einzige ausgebildete Seemann gewesen, der sich dem Schiffsprojekt verpflichtet hatte. In den Augen der meisten verkörperte er das Unternehmen – ein Kapitän ohne Schiff und Mannschaft. Im Jahre 1968 schlossen sich ihm dann Bernhard Erne mit seiner Frau und ihrem kleinen Sohn an.

Bernhard war einige Jahre zur See gefahren und war in dieser Zeit Christ geworden. Er kam dann zu dem Schluß, daß das Leben auf See seinem geistlichen Wachstum nicht gerade förderlich war und kehrte nach Hause in die Schweiz zurück, um dort zu arbeiten. Zwei Jahre danach erfuhr er von dem OM-Schiffsprojekt und hatte den starken Eindruck, daß er sich dem anschließen solle. Seine Gemeinde konnte seine Entscheidung nicht verstehen. Bernhard erzählt:

»Unsere Gemeinde dachte, wir wären übergeschnappt. Man sagte uns: ›Ihr schließt euch einer Bewegung an, die ihr nicht kennt. Diese Leute reden über Schiffe, ohne etwas davon zu verstehen.‹ An einem Sonntag predigte der Pastor über Abraham, der auf Gottes Ruf hin sein Land verließ. Nach der Predigt sagte ich zu meinem Pastor: ›Siehst du nun! Gerade hast du über Abraham gepredigt, der auf Glauben hin auszog, weil er vertraute!‹ ›Ja‹, sagte der Pastor, ›aber der wußte, wer ihn rief.‹

Trotz alledem verkauften wir 1968 alle unsere Habe und fuhren nach Belgien. Die OM-Konferenz fand in einer alten, leeren Brauerei statt. Aufgrund eines Schreibens von OM nahmen wir an, dort ein fleißig arbeitendes und sich austauschendes Schiffsteam vorzufinden. Als wir in der Brauerei ankamen, wurde uns gesagt, daß wir dem Schiffsteam vorgestellt werden sollten. Ein Mann kam herein, ein typischer Engländer. Es war der englische Kapitän. Danach kam noch ein anderer Mann, der aber wieder wegging. Das war das Schiffsteam! Anschließend zeigte man uns, wo wir schlafen sollten. Sie führten uns in ein Gebäude und zeigten uns einen völlig kahlen, leeren Raum, einfach vier Wände, Fußboden und Decke, sonst nichts! ›Das ist euer Zimmer‹, sagte man uns. ›Wir holen noch etwas, worauf ihr liegen könnt, damit ihr nicht auf dem Boden schlafen müßt.‹

Dann gingen sie fort. Wenig später kam einer mit einer Rolle Wellpappe zurück. Die legte er auf den Boden und meinte: ›Das wär's dann, hier könnt ihr schlafen.‹ ›O Mann‹, dachte ich, ›was für eine tolle Umgebung!‹ Ich hatte einen schönen Citroën mit verstellbaren Sitzen.

24

Da hätte man bequem schlafen können. Aber OM hätte das dann vielleicht nicht für sehr geistlich gehalten, also schliefen wir auf dem Boden.

Das war meine erste Begegnung mit der OM-Arbeit. Wenn ich nicht alles verkauft gehabt hätte, hätte ich wohl auf dem Absatz kehrt gemacht. Aber ich war fest davon überzeugt, daß Gott für das Schiff sorgen würde, und deshalb blieb ich.«

Nach ungefähr einem Jahr führte Gott weitere Männer in die Arbeit. Jemand gab einem Bekannten ein Flugblatt, das dieser einem Bekannten in Australien schickte. Schließlich gelangte es in die Hände von John Yarr, einem Leitenden Ingenieur. Er war so felsenfest davon überzeugt, daß Gott ihn an diesen Platz rief, daß er eine gut bezahlte Stelle aufgab und mit seiner Frau und vier Kindern nach England zog in dem Glauben, daß das Schiff bald Wirklichkeit werden würde.

Weitere Mannschaftsmitglieder kamen dazu: Rashad Babukhan, ein junger arabischer Decksoffizier aus Aden, der zu der Zeit, als man anfing, für das Schiff zu beten, noch nicht einmal Christ gewesen war; Alfred Boschbach, ein deutscher Koch, der gerade eine Bibelschulausbildung absolviert hatte; Dave Thomas, ein englischer Ingenieur, der gerade sein Leben nach Jahren völliger Gleichgültigkeit wieder neu Gottes Regie überlassen hatte, und Decio de Carvalho, der eine gute Stelle bei einer internationalen Fluggesellschaft aufgegeben hatte. Bis zum Jahre 1970 waren fünfzehn ausgebildete Seeleute aus zehn verschiedenen Ländern zur Mannschaft hinzugekommen.

Fünf Jahre lang waren George Verwer und der englische Kapitän auf der Suche nach einem Schiff gewesen – nicht nach irgendeinem Schiff, sondern nach einem, das für die besonderen Ziele von OM brauchbar wäre. Es sollte eine große Reichweite haben, d.h. lange Strecken zurücklegen können, ohne nachzubunkern oder Wasser an Bord nehmen zu müssen. Es sollte einen Vortragssaal besitzen, der zwei- bis dreihundert Menschen Platz bieten könnte. Außerdem sollte Platz für einen kleinen Büchermarkt vorhanden sein sowie auch Lagerraum und Platz für eine Autowerkstätte. Sodann Unterbringungsmöglichkeiten für mindestens 120 Mann, Besatzung und Mitarbeiter. Vor allem sollte es natürlich billig sein. 320 000 DM war die Obergrenze des Möglichen.

Unzählige Schiffe wurden besichtigt, aber keines schien geeignet. Es gab immer irgendeinen unüberwindlichen Nachteil. 1969 informierte ein OM-Freund aus der Schiffahrtsbranche den englischen Kapitän über ein 2625-Tonnen-Schiff, die Zambesia. Alles schien zu stimmen: die Größe, Kabinen für 65 Passagiere und die Mannschaft und ein großer Raum, der in einen Versammlungsraum für 300 Zuhörer und in eine Werkstätte für Fahrzeuge umgewandelt werden konnte. Fünf Jahre lang hatten sie gebetet und gewartet, und nun dieses Schiff! Freude breitete sich aus. Gott antwortet! George Verwer schrieb ein Traktat mit dem Titel: Die Stunde des Schiffes ist da. Er und der Kapitän besichtigten das Schiff, was die Spannung nur noch erhöhte.

Dann kam die niederschmetternde Nachricht: Die Zambesia war an nigerianische Interessenten verkauft worden! Das Schiff war weg, aber die Überzeugung blieb, daß Gott etwas Großes tun wollte, nicht erst in den kommenden Jahren, sondern in den kommenden Monaten oder Wochen. In jenem Sommer traf sich George mit anderen OM-Verantwortlichen. Sie waren überzeugt, daß der Kauf eines Schiffes nun von höchster Dringlichkeit sei. Ungeduldig schickte George zwei seiner Männer in große Häfen, die nach irgendwelchen Möglichkeiten suchen sollten. Peter Conlan, ein fünfundzwanzigjähriger Engländer, der drei Jahre lang eng mit George in

Indien und anderen Ländern zusammengearbeitet hatte, war gerade von der Keswick-Tagung in England zurückgekommen. George sagte zu ihm: »Peter, ich möchte, daß du nach Athen gehst.« »Wozu denn das?« fragte Peter überrascht. »Ich möchte, daß du dich nach einem Schiff umsiehst, das wir kaufen könnten.«

Damit drückte er Peter ein Flugticket in die Hand sowie ein Buch über Aristoteles Onassis und seinen Einstieg in die Seefahrt. Obwohl Peter, wie er später zugab, völlig ratlos war, machte er sich auf nach Griechenland. In Athen besuchte er Onassis' Privatbüro. Onassis selbst befand sich in Paris, aber Peter konnte mit seinem Generaldirektor sprechen. Der sagte ihm: »Selbst wenn wir Ihnen das kleinste Schiff, das wir auf dem Markt haben, schenken würden, könnten Sie doch nicht damit umgehen.« Das war hart.

Georges zweiter Mann war Mike Wiltshire, ein junger und begabter Journalist, der nach seinen eigenen Worten kaum wußte, wo bei einem Schiff vorne und hinten ist. George schickte ihn nach Skandinavien, um dort die Schiffswerften auszukundschaften. In den Gesprächen mit den Schiffsmaklern tauchte immer wieder ein Name auf: die Umanak. Der englische Kapitän hatte einige Monate zuvor mit zwei weiteren OMern das dänische Schiff besichtigt. Sie hatten es damals als ungeeignet abgelehnt, vor allem, weil sein Ventilationssystem für grönländische Verhältnisse und nicht für die Hitze der Tropen konstruiert und weil kein großer Vortragssaal vorhanden war.

In der Mannschaft, die sich dem Schiffsprojekt angeschlossen hatte, waren zu diesem Zeitpunkt jedoch auch bereits einige Ingenieure. Nachdem sie miteinander die Brauchbarkeit der Umanak geprüft hatten, waren sie von deren Möglichkeiten überzeugt. Sie überredeten George, sich das Schiff noch einmal selbst anzusehen.

Björn Kristiansen flog mit ihm nach Kopenhagen zur Inspektion. George hatte viele Schiffe gesehen, aber bei diesem spürte er zum ersten Mal eine innere Überzeugung: »Das ist es! Das ist das Schiff!«

Die Sache hatte jedoch einen Haken. Nigerianische Käufer hatten bereits einen Kaufvertrag unterzeichnet und eine Anzahlung in Höhe von 10 % des Kaufpreises hinterlegt. Die Zahlungsfrist war zwar noch nicht abgelaufen, aber sie schienen Schwierigkeiten zu haben, das Geld zusammenzubekommen bzw. es aus Nigeria herauszubekommen. Wie dem auch sei, OM blieb nichts weiter übrig, als zu warten und zu beten. George mußte an die Worte denken, die er nach dem mißglückten Versuch, die Zambesia zu erwerben, niedergeschrieben hatte: »Die Zambesia wurde an nigerianische Käufer verkauft, bevor wir überhaupt handeln konnten... In solchen Zeiten wünscht man sich, man hätte schneller gehandelt. Wir sind jedoch davon überzeugt, daß die langsamere Methode die sichere ist, denn kein anderer kann das Schiff bekommen, das der Herr für uns vorgesehen hat.« (Viel später erfuhr jemand, daß die neuen Besitzer der Zambesia ständig Ärger mit der Schraubenwelle hatten.)

Der Sommer 1970 hatte begonnen. Vier Jahre lang hatte man über das Schiff geredet und dafür gearbeitet. Jetzt hatte der englische Kapitän den Eindruck, daß er sich einen Termin setzen sollte, wenn er als Kapitän dabeibleiben sollte. Falls Gott bis Ende August 1970 zumindest die Unterzeichnung eines Kaufvertrages für ein Schiff ermöglicht hätte, wollte er dies als Zeichen ansehen, als Kapitän dabeibleiben zu sollen. Falls Gott aber bis dahin kein Schiff vorgesehen hätte, würde er sich aus seiner Stellung im Projekt zurückziehen.

Seine Ankündigung schockierte viele. Für manche schien es so, als ob eine tragende Säule die Arbeit verlassen wollte. Bei anderen jedoch verstärkte sich die Erwartung, daß Gott bald, sehr bald, noch vor Ende des Sommers ein Schiff bereitstellen würde.

Jedes Jahr im Herbst kommen alle OM-Mitarbeiter in Europa zu einer Tagung zusammen. Für neue OMer ist es eine Zeit der Orientierung und Schulung zur Vorbereitung auf den Dienst, den sie tun werden. Für erfahrene Mitarbeiter ist es eine Zeit des Gebets, der gegenseitigen Ermutigung und der strategischen Planung.

Im September 1970 fand die Konferenz in einer kalten und ungemütlichen ehemaligen Fabrik in einem Vorort von London statt. Eines Morgens stürzte George Verwer aus seinem Büro, fuchtelte mit seinen Armen aufgeregt in der Luft herum und rief so laut er konnte: »Preist den Herrn! Sie ist zu haben! Die Umanak ist zu haben! Der Vertrag mit den nigerianischen Käufern ist geplatzt, und die Besitzer sind bereit, mit uns zu verhandeln!« Die Nachricht verbreitete sich wie ein Lauffeuer. Die meisten standen da wie vom Donner gerührt: Jahrelang hatten sie gebetet und geglaubt, daß Gott ein Schiff bereitstellen würde. Einmal war ein Schiff fast schon in Reichweite gewesen. Trotzdem hatte die Idee immer etwas Unwirkliches an sich gehabt. Die plötzliche Nachricht, daß das Schiff nun Wirklichkeit war, erschien fast unfaßbar. Als man sich jedoch wieder beruhigt hatte, bildeten sich kleine Grüppchen, die über die neue Entwicklung diskutierten zum Teil noch mit Zurückhaltung, zum Teil aber auch in rückhaltlosem Enthusiasmus. Spontan wurde in Gruppen gebetet. Manche flehten Gott an, dieses Schiff zu schenken, andere baten ihn nur, daß sein Wille geschehen möge. Die Veranstaltungen der Konferenz wurden stets mit intensiven Gebeten für das Schiff begonnen. Die Gedanken und Herzen waren nur von einem Thema erfüllt: dem Schiff. Erwartung und Vorfreude waren fast zum Anfassen spürbar. Gott hatte etwas Großartiges vor! Davon waren alle überzeugt.

Am gleichen Abend noch reiste George Verwer mit Björn Kristiansen und John Yarr, dem Chefingenieur, nach Kopenhagen, um mit den Besitzern, der Königlich Dänischen Grönland Handelsgesellschaft, Einzelheiten zu besprechen. Am nächsten Morgen trafen sie kurz mit ihnen zusammen, bevor sie das Schiff noch einmal in Augenschein nahmen. Ein Experte in Schiffahrtsfragen wurde beauftragt, am Nachmittag aufs Schiff zu gehen, um einen Besichtigungsbericht zu erstellen. Der mehrere Seiten umfassende Bericht ließ erkennen, daß OM für den Preis, den sie zahlten, »viel Schiff« und dazu noch ein gutes Schiff bekämen. Der Fachmann schätzte, daß man das 1949 erbaute Schiff noch mindestens zehn Jahre benutzen könnte, wenn es gut gepflegt würde, vielleicht auch länger.

Die Verhandlungen mit den Besitzern waren im Grunde ein einziger Versuch, den Preis zu drücken. Sie blieben jedoch unerbittlich. Das Schiff, das ursprünglich für 336 000 DM angeboten worden war, sollte nun nur noch 288 000 DM kosten. Das war ihr niedrigstes Angebot. Plötzlich fragte George, ob es irgendwo einen kleinen Raum gäbe, wo er mit Gott über die Angelegenheit sprechen könnte. Die Eigentümer waren verblüfft. So machten sie normalerweise keine Geschäfte. Aber natürlich stellten sie einen Raum zur Verfügung. Schließlich stimmten sie zu, für 282 000 DM zu verkaufen, unter der Voraussetzung, daß die Entscheidung zum Kauf noch am Abend des gleichen Tages gefällt würde, da auch andere Käufer an dem Schiff interessiert seien. George telefonierte sofort mit den entsprechenden Verantwortlichen einschließlich des englischen Kapitäns und der OM-Treuhänderausschüsse in den USA und Großbritannien. Alle waren der Meinung, daß der Preis angemessen sei und Georg mit den Verhandlungen voranschreiten sollte.

30

Am nächsten Morgen wurden die Vertragsbedingungen besprochen. Eine Anzahlung von 28 000 DM war Voraussetzung. Bis Ende September, weniger als drei Wochen später, mußten 75% der Gesamtsumme bezahlt sein. Dann sollte eine Gnadenfrist von 15 Tagen zur Begleichung der restlichen 25% gewährt werden. Eigentlich ganz einfach. George war jedoch mulmig zumute. Mehr als fünf Jahre hatten sie für ein Schiff gebetet. In dieser Zeit waren nur etwa 180 000 DM an Spenden eingegangen. George sagte auf der Konferenz: »Wir haben nur einen Monat Zeit, um weitere 100 000 DM aufzubringen. Das heißt, daß wir auf unsere Knie gehen und Gott um das restliche Geld bitten müssen. Wir haben uns im Glauben vielleicht weiter als je zuvor herausgewagt. Wenn wir nicht rechtzeitig die entsprechende Summe beisammen haben, werden wir höchstwahrscheinlich auch unsere 28 000 DM Anzahlung verlieren. Keiner von uns kann sich vorstellen, daß es Gottes Wille sein könnte, dieses Geld zu verlieren. Das bedeutet, daß wir vor Gott auf die Knie gehen und ihm das Unmögliche zutrauen müssen.«

George war sich bewußt, daß er außer Gebet auch verläßlichen praktischen Beistand bei der Abwicklung der rechtlichen Angelegenheiten des Kaufs brauchte. So nahm er mit Val Grieve, einem langjährigen Freund von OM, Kontakt auf. Als Rechtsanwalt in Manchester, im Nordwesten Englands, hatte er zwar nie mit dem Kauf eines Schiffes zu tun gehabt, aber er war bereit, OM in dieser Sache zu beraten. Er beschrieb seine Rolle später so: »Ich gab den Rat, eine Gesellschaft zu gründen, die als Eigentümer des Schiffes auftreten sollte. Damals mußte die Überweisung von Geld ins Ausland bei der Bank von England beantragt werden. So riet ich, diese Genehmigung so schnell wie möglich einzuholen. Zu meinem Erstaunen wurde ich dann zum Vorsitzenden dieser Gesellschaft (Educational Book Exhibits) gewählt und bekam die Verantwortung für die Kaufabwicklung übertragen. Es war sicherlich der ungewöhnlichste Antrag, den die Bank von England je erhalten hatte. Eine Gesellschaft, die noch nicht existierte, wollte Geld überweisen, das noch nicht vorhanden war!

Als ich in mein Büro nach Manchester zurückkam, fragte ich mich, was eigentlich geschehen war. In vielen Jahren juristischer Ausbildung hatte ich gelernt, daß jeder, der ein Haus kauft, zuerst eine Hypothek aufnehmen muß, um sicherzustellen, daß die notwendigen Gelder bei Fälligkeit auch vorhanden sind. Und nun war ich Vorsitzender einer Gesellschaft, die ein Schiff im Glauben gekauft hatte!«

Auf der OM-Konferenz in London wurde weiter für das Schiff gebetet. George Verwer hielt den Zeitpunkt für gekommen, dem Schiff einen Namen zu geben, und teilte jedem auf der Konferenz einen Zettel aus. Jeder schrieb seine Vorschläge auf, reichte sie nach vorne zu George, und der las sie dann laut vor. Alle hörten aufmerksam zu, und die Vorschläge wurden von Kommentaren oder zustimmendem Gemurmel begleitet. Die meisten Vorschläge waren ernsthaft, aber manchmal waren auch spaßige dabei, wie z.B. »Georges Schnapsidee«. Ein Vorschlag wurde mehrmals genannt: »Logos«, das griechische Wort für »Wort«, ein Name, der im Neuen Testament für Jesus verwandt wird. Zu diesem Zeitpunkt wurde zwar keine Entscheidung gefällt, aber es entstand so etwas wie eine allgemeine Übereinstimmung, daß der Name »Logos« sein sollte.

Der Termin für die letzte Zahlung war auf den 15. Oktober 1970 festgesetzt. Am Abend des 10. Oktobers packte eine kleine Gruppe von Mannschaftsmitgliedern ihre Schlafsäcke und Koffer in einen Bus, verabschiedete sich von ihren Freunden auf der Konferenz und fuhr nach Kopenhagen. Einer von ihnen, Decio de Carvalho, schrieb später über die Fahrt: »Es war eine lange Reise voller Hoffnung und Freude, voller Befürchtungen und Zweifel. Wir waren auf dem Weg, ein Schiff zu übernehmen, das uns noch nicht gehörte im Namen einer Gesellschaft, die offiziell noch nicht existierte...

Wir fuhren direkt an den Kai, an dem die Umanak seit achtzehn Monaten lag. Der orangefarbene Rumpf des Schiffes ließ seine frühere Pracht nur noch erahnen. Die Form des Schiffes und seine Umrisse waren jedoch immer noch beeindruckend. In einer seltsamen Mischung aus Ehrfurcht und Müdigkeit standen wir da und versuchten, durch witzige Bemerkungen unsere Gefühle zu überspielen. Aber schließlich taten wir doch das einzig Richtige in einer so bedeutenden Situation: wir beteten. Aber selbst während des Gebets warfen wir immer wieder flüchtige, ungläubige Blicke auf ›unser‹ Wunderschiff. Wir waren voll Glauben, Freude und Furcht...

Am 13. Oktober 1970 zogen wir allesamt aufs Schiff, nachdem wir dem Eigentümer klargemacht hatten, daß wir auf dem Schiff bleiben wollten, bis die Übereignung stattgefunden hätte. Mit Schlafsäcken, belegten Broten, Besen und Scheuerlappen bewaffnet, machten wir uns im Vertrauen darauf an die Arbeit , daß innerhalb der nächsten zwei Tage der ganze Betrag auf dem gemeinsamen Bankkonto des Eigentümers und der Educational Book Exhibits Gesellschaft eingegangen sein würde. Daran konnten die Vertreter des Eigentümers jedoch nicht glauben. Wer kauft heute schon ein Schiff gegen Barzahlung ohne die finanzielle Hilfe einer Bank und gibt auch noch zu, zum Zeitpunkt des Vertragsabschlusses keinen Pfennig zu besitzen?

Als die kleine Gruppe zum ersten Mal das Schiff in Augenschein nahm, sagte Kapitän Kristiansen immer wieder: »Mit ein bißchen Farbe wird es wunderschön aussehen! So ein schönes Schiff! Es ist wirklich ein schönes Schiff!« Dabei rieb er sich die Hände vor Freude.

»Ich wußte nicht, was mich erwartete«, sagte Olivia de Carvalho, die einzige Frau in der Gruppe zu der Zeit. »Ich erinnere mich noch, wie ich das erste Mal an Bord ging und bei mir dachte: ›Du meine Güte!‹ Es war nicht zu fassen. Die ehemalige Mannschaft hatte einfach alles stehen und liegen gelassen und war von Bord gegangen. In der Offiziersmesse standen immer noch die Teller voller Fischgräten auf dem Tisch, und überall lag Zigarettenasche herum. Es war so schmutzig!«

Die Schiffsküche (»Kombüse«) war ein einziger Saustall. Während die Männer andere Arbeiten in Angriff nahmen, machte sich Olivia an den Großputz. »Ich verbrachte zwei Tage mit dem Putzen der Kombüse«, erzählte sie. »Ich konnte die Töpfe und Pfannen kaum heben, so schwer waren sie. Schließlich war alles sauber, und ich setzte mich in die Offiziersmesse zu den Männern. Wir waren ganz schön geschafft. Plötzlich ohrenbetäubender Lärm, eine schwarze Rauchwolke wälzte sich von der Kombüse her durch den Flur. John Yarr sprang blitzschnell wie ein Panther von seinem Stuhl und stürzte in die Richtung, aus der der Qualm kam.

In der Kombüse stand so etwas Ähnliches wie ein Ölofen. Ich nannte ihn ›den Drachen‹. Irgend etwas war schief gegangen – jetzt stand er da und stieß Rauchwolken aus. Ich stand da und weinte. Ich hatte gerade zwei Tage damit verbracht, die Kombüse zu putzen, und nun war alles wieder schwarz! Es war so furchtbar. Ich dachte bei mir: »Dieses Schiff überlebe ich nicht.«

Olivia fand jedoch bald wieder zu dem ihr eigenen Optimismus zurück. Während alle diese Arbeiten durchgeführt wurden, wurden die mit dem Kauf des Schiffes verbundenen Formalitäten erledigt. Olivias Mann Decio war damit befaßt:

»Am Morgen des 15. Oktober kamen George Verwer und Val Grieve in Kopenhagen an. Einige von unserem Team saßen um einen Tisch im Büro der Geschäftsführer der Eigentümer herum. Als die Kontoauszüge unseres gemeinsamen Kontos durchgesehen wurden, stellte sich heraus, daß es 3 000 DM mehr aufwies, als im Vertrag festgelegt war! Das Schiff gehörte uns! Den Eigentümern verschlug es die Sprache, und wir, die neuen Besitzer, dankten Gott überschwenglich an Ort und Stelle. Die Übergabepapiere wurden von beiden Seiten korrekt und feierlich unterzeichnet. Die Verkäufer wollten unbedingt mit bestem schottischen Whisky darauf anstoßen, aber schließlich ließen sie sich doch von George auf Eistorte umstimmen.

Einige Stunden später versammelte sich unsere kleine Gruppe in der Kapitänskabine, manche hatten noch ihre schmutzigen Kleider vom Putzen an. George leitete eine einfache Gebetsrunde und befahl das Schiff, das nun offiziell ›unser‹ Schiff war, dem Herrn an. Und wir lobten und priesen den Herrn. Oh, wie wir ihm an diesem Tag dankten!«

Gottes Schiff

Das Schiff gehörte ihnen! Das mußte gefeiert werden, und nicht nur mit Eistorte! Dänische Christen, die von dem Kauf gehört hatten, wurden zu einer Besichtigung »dieses herrlichen Geschenkes Gottes« und zu einem Einweihungsgottesdienst eingeladen. Einige hundert Menschen versammelten sich an jenem Tag auf dem Vorderdeck der Logos und hörten George Verwer zu, der sehr persönlich berichtete, was Gott in der vergangenen Zeit getan hatte.

Ein älterer Mann, der ebenfalls zugehört hatte, erzählte George hinterher eine seltsame Geschichte. Er war Missionar gewesen und als Passagier auf dem Schiff gefahren, als es noch als Umanak im Fährdienst zwischen Dänemark und Grönland eingesetzt war. Nachdem er eine Weile beobachtet hatte, wie die anderen Passagiere mit ohrenbetäubendem Lärm und viel Alkohol versuchten, sich zu vergnügen, war er irgendwann einmal so betroffen von dieser inneren Leere, daß er hinunter in seine Kabine ging und für die Leute betete. In jener Nacht hatte er einen Traum. Das Schiff war auf einmal ein christliches Schiff. Statt sich sinnlos zu betrinken, beteten die Menschen und lobten Gott mit Liedern. Ihr Kapitän sprach über seine Erfahrungen mit Gott. Jetzt erkannte der Missionar, daß sein Traum Wirklichkeit geworden war.

Die Geschichte machte auf Björn Kristiansen einen tiefen Eindruck, weil ihm klar wurde, daß er der Kapitän in dem Traum war. Er war der, der Kapitän dieses christlichen Schiffes sein sollte. Jedesmal, wenn in den folgenden Monaten schwierige Zeiten kamen, war diese Geschichte eine Quelle der Ermutigung für ihn.

Mit ihrem neuen Namen, dick auf den Rumpf gemalt, lief die Logos am 22. Oktober nach Rotterdam aus, wo sie überholt werden sollte. 18 Monate lang war die Umanak »tot« gewesen, d.h. außer Gebrauch. »Tot« ist die passende Beschreibung, denn ohne das ständige Dröhnen der Generatoren und das geschäftige Treiben der Menschen bei der Arbeit wird ein Schiff unnatürlich leblos und wirkt gespenstisch. Es fängt zwangsläufig an, zu verfallen. Nach eineinhalb Jahren in diesem »toten« Zustand war eine grundlegende Überholung fällig. Ein großes Problem war auch, daß die Schraubenwelle beschädigt war und nur im Trockendock repariert werden konnte.

Die beschädigte Schraubenwelle und die dazugehörige Schraube lagen auf Deck, daher konnte die Logos natürlich nicht aus eigener Kraft fahren. So wurden Vereinbarungen mit einer deutschen Firma getroffen, die gerade einen Schlepper nach Skandinavien geschickt hatte. Da der sowieso nach Deutschland zurückkehren mußte, boten die Eigentümer an, die Logos zu einem Sonderpreis zu schleppen.

Als George Verwer und die anderen OM-Verantwortlichen mit den Eigentümern der Umanak zusammengetroffen waren, um über die Vertragsbedingungen zu sprechen, hatten sie den skeptischen Besitzern gegenüber ihre feste Überzeugung zum Ausdruck gebracht, daß Gott für das Geld sorgen würde. Als dann der Tag der Abrechnung kam, war nicht nur der volle Betrag eingegangen, sondern es war sogar noch Geld übrig.

»Ihr Gott kann nicht gut rechnen«, meinte einer der Männer im Spaß. »Ich hatte mit der exakten Summe gerechnet.« »Sie irren sich«, antwortete Kapitän Kristiansen, »kurz bevor ich zu diesem Treffen gekommen bin, habe ich einen Vertrag mit einem Schlepper unterschrieben. Dieses ›übrige‹ Geld ist genau der Betrag, den das Verschleppen nach Rotterdam kostet.«

In Kopenhagen befanden sich auf der Logos nicht nur die Mannschaft, sondern auch zwei Ehefrauen und ein neunjähriges Kind. Die Menschen kamen aus den verschiedensten Kulturen und hatten oft einen recht unterschiedlichen Sinn für Humor. Olivia de Carvalho erzählt eine Geschichte, die veranschaulicht, zu welchen Mißverständnissen das führen konnte:

»Björn Kristiansen nahm uns immer auf den Arm. Wir wußten nie, wann er es ernst meinte und wann nicht. Eines Morgens sagte er uns beim Frühstück, daß die Frauen und Kinder unter Umständen nicht mit auf die Jungfernfahrt nach Rotterdam kommen könnten, da Seeleute glauben, daß Frauen an Bord Unglück bringen. Wir müßten deshalb mit dem Zug nach Rotterdam fahren.

Suzanne platzte fast. ›Das ist doch lächerlich‹, protestierte sie empört, ›daß eine Frau nicht mit auf Jungfernfahrt darf. Das sind doch nichts als Seemannshirngespinste. Dies hier ist Gottes Schiff! Wir sind doch nicht abergläubisch.‹

Und sie beschloß, die Dinge selbst in die Hand zu nehmen. ›Komm, Olivia, wir sprechen mit dem Kapitän des Schleppers!‹, bestimmte sie. Also liefen wir über den Kai und sprangen an Bord des Schleppers. Der Kapitän war nicht schlecht erstaunt, als wir in seine Kabine platzten. Suzanne erzählte ihm Björns Geschichte. Er fing an zu lachen und versicherte uns, daß alles in bester Ordnung sei. Wir könnten ohne weiteres mit unserem Schiff fahren. Seine Männer wären sogar noch vorsichtiger und umsichtiger, wenn sie wüßten, daß Frauen und Kinder an Bord seien. Es gäbe in diesem Punkt überhaupt keine Regeln oder Vorschriften.

Triumphierend kehrten wir auf unser Schiff zurück und erzählten Björn von unserem Ausflug. Nun ging Björn an die Decke. Es sei nicht unsere Sache, mit dem

Schlepperkapitän zu sprechen. ›Ich habe euch doch nur auf den Arm genommen‹, prustete er. Dann mußte er seinen besten Anzug anziehen, zum Kapitän des Schleppers gehen und versuchen, ihm zu erklären, was für eine seltsame Mannschaft er an Bord habe.«

Als der Zeitpunkt der Abfahrt gekommen war, wurden zwei Stahltrossen vom Schlepper an beiden Seiten der Logos befestigt. Die Trossen waren so dick und schwer, daß drei Männer nötig waren, um sie zu biegen, zu drehen und um den »Poller« (flacher Metallpfosten) zu winden. Nach diesen Vorbereitungen war der Schlepper klar und konnte mit der Logos im Schlepp seine Reise antreten, eine Reise, die die Minimannschaft der Logos nie vergessen sollte.

Die Schwierigkeiten begannen, noch bevor die Logos überhaupt auslief. Das Schiff hatte ständig entweder zur einen oder zur anderen Seite Schlagseite. Wie andere Schiffe auch besaß es mehrere Ballasttanks, die für Stabilität sorgten. Nur wenn alle Tanks mit der entsprechenden Wassermenge gefüllt waren, lag das Schiff stabil aufrecht, ohne Schlagseite. Da die Logos jedoch an einem Kaiplatz mit niedrigem Wasserstand gelegen hatte, waren sie fast vollständig geleert worden, um ihren Tiefgang zu verringern. Nun sollte sie an einen anderen Kai geschleppt werden und benötigte wieder die stabilisierende Wirkung dieser Ballasttanks.

Auf europäischen Schiffen bestimmt normalerweise der Kapitän oder der erste Offizier jemanden – in der Regel den Zimmermann – dazu, die Wassertanks zu peilen. Dieser teilt seine Peilungen dem Kapitän oder ersten Offizier mit, der dann den Ingenieuren Anweisung gibt, Wasser in die Tanks oder aus den Tanks zu pumpen.

Auf der Logos stieß man bei diesem Verfahren auf einige Hindernisse. Das System zum Auffüllen der Tanks war recht kompliziert: Die meisten Schiffe besitzen eine zentrale Rohrleitung, von der dann Nebenleitungen in jeden einzelnen Tank abzweigen. Durch Ventile kann der Wasserstrom in die verschiedenen Tanks leicht reguliert werden. Die Logos besaß jedoch keine zentrale Rohrleitung. Jeder Tank mußte direkt durch Öffnungen von Deck aus gefüllt werden.

Dann war da noch das Problem des Zimmermanns, der den Auftrag hatte, die Tanks auszuloten: Er war ein älterer Seemann, hatte sich einfach mit verschiedenen Männern der ehemaligen Umanak-Mannschaft unterhalten und auf diese Weise viel über das Füllsystem der Tanks herausbekommen. Aber da er nur Zimmermann und nicht Offizier war, waren die Deck- und Ingenieursoffiziere seinen Ratschlägen gegenüber skeptisch.

Plötzlich rollte das Schiff auf eine Seite und hatte mehr Schlagseite als sonst. Die Gesichter der Mannschaft spiegelten Schrecken und Angst wider. Menschen erschienen an den Fenstern des Bürogebäudes an Land und starrten auf das Schiff, das sonst immer so stabil und aufrecht dagelegen hatte.

Bald konnte die Schlagseite durch das Auffüllen des entsprechenden Tankes korrigiert werden. Der Vorfall war jedoch nur ein Symptom für ein viel tiefer liegendes Problem, das bestehen blieb: Die Mannschaft der Logos kannte einander nicht und vertraute sich deshalb auch nicht. Viele von ihnen waren neu bei OM und wußten gar nicht, worum es eigentlich ging und wie OM funktionierte. Einige waren sich noch nicht einmal über den Zweck des Schiffes im klaren. Sie wußten nur, daß es irgendwie für eine christliche Arbeit genutzt werden sollte.

Zur Zeit der Segelschiffe besaßen der Kapitän und seine Decksoffiziere die höchste Autorität und den angesehensten Posten auf einem Schiff. Mit der Erfindung motorgetriebener Schiffe trat jedoch eine weitere Gruppe unentbehrlicher Männer auf den Plan: die Ingenieure. Mit jeder Weiterentwicklung der Schiffsmotoren wurden die Ingenieure wichtiger, und heute ist der leitende Ingenieur fast ebenso maßgebend wie der Kapitän, obwohl der Kapitän immer noch die letzte Verantwortung für sein Schiff trägt. Die Gehälter sind fast gleich. Da sich die Ingenieure ihrer wichtigen Rolle voll bewußt sind, ärgern sie sich manchmal darüber, daß die Öffentlichkeit traditionsgemäß nur den Decksoffizieren Respekt und Hochachtung entgegenbringt, während sie als Ingenieure oft nicht beachtet werden. Folglich herrscht fast auf jedem Schiff eine gewisse Spannung zwischen Ingenieuren und Decksoffizieren, die zu harmlosem, humorvollem Nekken, aber auch zu tiefem Groll führen kann.

Zu diesen Schwierigkeiten kamen noch die Spannungen hinzu, die die enge Zusammenarbeit von Menschen verschiedener Temperamente, Ansichten und Maßstäbe verursacht, besonders dort, wo sie Autorität beanspruchen. Das OM-Schiffsprojekt war von vorneherein besonders für mutige und abenteuerlustige Individualisten attraktiv, und so kamen besonders viele durchsetzungsfähige, lebensbejahende Persönlichkeiten auf das Schiff, Menschen mit dem Pioniergeist und der notwendigen Energie, ein solches Projekt ins Leben zu rufen, aber eben auch Menschen, die sich aneinander rieben, daß die Funken sprühten. Die Logos sollte auf ihrer ersten Reise als »Gottes Schiff« Schauplatz vieler persönlicher Auseinandersetzungen werden.

Kapitän des Schiffes war der norwegische Kapitän Björn Kristiansen, der erst vor kurzem Gott die Führung seines Lebens überlassen hatte. Nach langem innerem Fragen und viel Gebet hatte der englische Kapitän, der das Projekt mit vorangetrieben hatte, erklärt, daß er als Kapitän zurücktreten würde, wenn Gott nicht bis Ende August ein Schiff bereitgestellt hätte. Der Anruf der

Eigentümer der Umanak kam am 8. September. Viele drängten ihn nun, sich die Sache doch noch einmal zu überlegen. Der Termin sei doch dem von ihm festgesetzten Termin so nahe, daß in Wirklichkeit kaum ein Unterschied bestünde.

»Genau darum geht es ja«, antwortete er. »Wenn Gott mich als Kapitän gewollt hätte, wäre es ihm ein Leichtes gewesen, das Schiff zwei Wochen früher bereitzustellen.«

Nicht viele Männer hätten sich mit ganzem Herzen fünf Jahre lang einem Projekt gewidmet und sich dann, am Ziel angekommen, zurückgezogen. Gott hatte ihn gebraucht, um den Weg für die Logos vorzubereiten. Jetzt hatte er den Eindruck, daß Gott ihn aufforderte, aus dem Rampenlicht zurückzutreten. Ohne Rücksicht auf das, was andere dachten, gehorchte er Gott.

Er unterstützte weiterhin das Schiffsprojekt, arbeitete sogar im Vorstand mit, war aber nie Kapitän der Logos. Als er Jahre später einmal darauf zurückblickte, wie Gott das Schiff gebraucht hatte, sagte er: »Jetzt verstehe ich, wieso mich Gott nicht als Schiffskapitän haben wollte. Wenn ich die Verantwortung gehabt hätte, hätte ich nicht zugelassen, daß sich das Projekt so entwickelt.«

Björn Kristiansen übernahm das Kommando, als das Schiff an jenem Oktobermorgen aus Kopenhagen auslief. Er hatte sich diesen Posten nicht ausgesucht. Er fühlte sich zu jung als Christ, um eine solche Verantwortung zu übernehmen. Aber sonst stand niemand zur Verfügung. Zögernd nahm er den Posten an in dem Bewußtsein, daß er Gottes Hilfe sehr nötig hatte. Bei den morgendlichen Andachten der Schiffsfamilie erinnerte er den Herrn immer wieder daran, daß er noch nie mit so vielen Menschen, die nichts von der Seefahrt verstanden, auf See gewesen war. Er bat Gott inständig, über ihm, der Mannschaft und dem Schiff zu wachen.

Mit ihm waren noch siebzehn Schiffsoffiziere und Mannschaftsmitglieder an Bord. Einige von ihnen hatten eine Ausbildung als Ingenieur, Zimmermann oder eine andere praktische Ausbildung an Land gemacht, waren aber noch nie auf See gewesen. Alle jedoch, ob erfahren oder nicht, hatten gutbezahlte Stellen aufgegeben, um Gott ohne Gehalt auf diesem Schiff zu dienen. Sie waren keine Prediger oder Theologen, aber sie hatten den Wunsch, ihre Fähigkeiten einzusetzen, um die Botschaft von Gottes Liebe den Menschen zu bringen, die sie brauchten. Leider kehrte George zurück nach England, um sich um andere Projekte zu kümmern, anstatt mit nach Rotterdam zu fahren. So ließ er ausschließlich Seeleute an Bord zurück. Niemand war da, der die so dringend notwendige geistliche Führung hätte übernehmen können.

Noch vor der Abfahrt von Kopenhagen begann der Machtkampf. Die Decksoffiziere waren aufgebracht über die Ingenieure. Dazu kam noch, daß sie je nach ihren Herkunftsländern recht unterschiedliche Vorstellungen davon hatten, wie man auf einem Schiff vorzugehen habe. Die englischen Offiziere waren in der Tradition geschult, daß alles nach korrekt formulierten und sauber ausgearbeiteten Vorschriften zu erfolgen habe. Disziplin, Vorausplanung und Ordnung waren hier die Schlüsselwörter. Die Europäer vom Festland waren dagegen Pragmatiker. Es war ihnen wichtiger, die Arbeit zu erledigen, als sich über die Vorgehensweise Gedanken zu machen. Die Praxis war ihnen wichtiger als die Theorie, und Vorschriften standen sie ganz unbefangen gegenüber, wenn auch die Sicherheitsbestimmungen stets strikt eingehalten wurden. Welche Auffassung sollte nun gelten? Das war die entscheidende Frage.

Da die Logos nicht aus eigener Kraft fuhr, sondern geschleppt werden mußte, konnte der Nord-Ostsee-

Kanal nicht benutzt werden, der die kürzeste Strecke gewesen wäre. Statt dessen mußte man zunächst nach Norden bis zur Spitze Dänemarks – und dann wieder Richtung Süden durch die Nordsee nach Rotterdam fahren. Gerade als sie diesen nördlichsten Teil umschifft hatten und in die Nordsee einfuhren, brach ein gewaltiger Sturm mit Windstärke 8 los. Selbst Veteranen unter den Seeleuten wurden fürchterlich seekrank und mußten sich zwingen, ihre vierstündige Wache bis zum Ende durchzuhalten, auch wenn die Zeit kein Ende zu nehmen schien. Der bloße Anblick des immer wieder in den Wellen auftauchenden und verschwindenden Schleppers reichte aus, um den letzten Funken an Selbstbeherrschung zu zerstören. Immer wieder stürzten die Männer an die Reling und übergaben sich.

Ken Rotter war zwar Ingenieur, aber auch er hatte Gelegenheit, sich während des Sturmes am Steuer zu versuchen. Er verglich später das Schiff mit einem »Lastwagen, der seine Stoßdämpfer und seinen Steuermechanismus verloren hat.«

Inmitten dieses Sturmes löste sich die Welle, an der sich normalerweise die Schraube drehte, von den Drahtseilen, mit denen sie gesichert war, und fing an, auf den sie stützenden Schienen hin- und herzurollen. Immer wieder rammte sie mit gewaltiger Wucht die Rohrleitungen, die an den Seitenwänden des Wellentunnels entlangliefen. Ken Rotter wurde die furchterregende Aufgabe übertragen, unter die Welle zu kriechen, die unkontrollierbar auf den Schienen hin- und herrollte, um die Drahtseile wieder zu befestigen. Zu seiner grenzenlosen Erleichterung gelang es ihm bald. Die zerbeulten Rohrleitungen blieben seither stumme Zeugen dieses Vorfalls.

Aber es sollte noch schlimmer kommen. Die schwere, dicke Stahltrosse, die die Logos mit dem Schlepper verband, zerriß in zwei Teile wie eine dünne Schnur. Die
44

Trosse in einem solchen Sturm wieder zu befestigen war kein leichtes Manöver. Unglücklicherweise mußte es mehrmals wiederholt werden, da die Trosse mehrere Male erneut riß. Der Kapitän des Schleppers wollte es nicht glauben, so etwas war ihm noch nie passiert. Auch Kapitän Kristiansen war nicht wohl in seiner Haut. Die Spannung wuchs.

Ein Mann vom Schlepper wurde auf die Logos geschickt, um die Trossen im Auge zu behalten. Der Schlepper kam längsseits bei der Logos, und er kletterte über eine Strickleiter an Bord, ein riskantes Unternehmen, denn beide Schiffe wurden von der schweren See unvorhersehbar auf- und niedergeworfen. An Bord fand sich der Mann vom Schlepper wohl in einer für ihn einzigartigen Situation wieder: Es gab keine Zigaretten und keinen Alkohol. Selbst der Zucker war ausgegangen. Und alles, was diese seltsamen Leute taten, war singen und beten!

Die Reise, die etwa zwei Tage hätte dauern sollen, dehnte sich auf sieben Tage aus. Einige an Bord meinten, das Böse so nahe wahrzunehmen, daß es fast körperlich zu spüren sei. Es war, als wenn der Teufel zum Endspurt ansetzen würde, um zu verhindern, daß das Schiff in Gottes Hände übergeht. Jedes ihm zur Verfügung stehende Mittel schien ihm recht, um es als Waffe zu verwenden. Er nutzte die natürlichen Schwächen der Menschen voll aus; Streit, Klage und Kritik waren die Folge.

Decio de Carvalho, eines der Mannschaftsmitglieder ohne See-Erfahrung, sagte später: »Mir war klar, daß Satan bis zum Schluß um das Schiff kämpfen würde, daß er entschlossen war, es nicht bis nach Rotterdam kommen zu lassen. Seine Hauptwaffe waren die Menschen. Die Schwierigkeiten zwischen den Ingenieuren und Decksoffizieren erreichten ihren Höhepunkt, aber Ursache waren nicht einfach die unterschiedlichen Persön-

lichkeiten, der Schlafmangel, die Angst oder die Seekrankheit. Satan war es, der die Männer gegeneinander
aufhetzte.

Plötzlich wurde mir klar, daß jemand die geistliche
Führung übernehmen und sich dem entgegenstellen
mußte. Natürlich war ich der falsche Mann dafür. Ich
hatte überhaupt keine Führungserfahrung, besonders
nicht mit einer solchen Gruppe. Aber ich war verzweifelt. Alles, was ich zustandebrachte, war eine Gebetskette zu organisieren. Die einzige Hoffnung, das Schiff
an sein Ziel zu bringen, schien mir im Gebet zu liegen:
Rund um die Uhr sollten daher immer je zwei von uns
beten.«

Viele aus der Mannschaft sowie auch die Frauen nahmen an der Gebetskette teil. Andere beteten nur still
für sich alleine. Es ging gar nicht mehr darum, einen
geistlichen Sieg zu erringen, sondern nur noch ums Über-
leben. Wenn sie zur Morgenandacht oder zu anderen
Tageszeiten zusammenkamen, sangen sie immer wieder
ein Lied, das ihre Gefühle und Hoffnungen, ihr Vertrauen zum Ausdruck brachte, auch wenn die Lage
düster schien:

> Ehre sei Gott, denn er hat mich erhöht,
> Er hat mich erhöht, ja ich weiß,
> Er gab mir die Hand und er hat mich erhöht,
> Und deshalb lieb' ich ihn so.

Alles in allem war es eine denkwürdige Reise.

»Die Männer vom Schlepper müssen einen Stoßseuf-
zer der Erleichterung ausgestoßen haben, als sie uns heil
und gesund in Rotterdam abgeliefert hatten«, meinte
Olivia. »Der Mann, der zu uns an Bord gekommen war,
ging äußerst ungern wieder fort. Die Schleppermann-
schaft lief immer wieder zwischen ihrem und unserem

Schiff hin und her. Sie brachten uns Zucker vom Schlepper, denn uns waren die Bestände während der Fahrt ausgegangen. Nur ungern ließen sie uns zurück, aber schließlich mußten sie gehen. Sie bliesen ganz laut ihre Dampfpfeife und winkten immer wieder, als ob wir etwas ganz, ganz Besonderes wären.«

Es geht los

In Rotterdam arbeitete die Mannschaft fieberhaft daran, das Schiff wieder instand zu setzen. Durch das lange Aufliegen in Kopenhagen waren die Schiffspapiere abgelaufen und mußten nun erneuert werden. Bureau Veritas, die Gesellschaft, die die Inspektion des Schiffes vornahm, hatte viele Sondervorschriften, was Umweltschutz, Funktionstüchtigkeit und Sicherheitsbestimmungen anging. Diese Bedingungen mußten erfüllt und durch einen Besichtiger bestätigt werden, sonst konnte das Schiff vom Bureau Veritas nicht zugelassen werden. Dies war keine einmalige Angelegenheit: In regelmäßigen Zeitabständen mußte ein Besichtiger für Schiffe das Schiff inspizieren, damit es seine Papiere behalten konnte. Denn ohne gültige Schiffspapiere wird einem Schiff in den meisten Häfen der Welt das Einlaufen verwehrt.

Deshalb stand in Rotterdam die Mannschaft vor der enormen Aufgabe, das Schiff den Anforderungen entsprechend wieder flott zu machen. Die Hauptmotoren und Generatoren mußten überholt werden. Die riesige, drei Tonnen schwere Schiffsschraube, die auf Deck nach Rotterdam transportiert worden war, mußte wieder installiert werden. So vieles mußte vom Besichtiger kontrolliert werden: die Wasserdichtigkeit der Bullaugen, die Funktionstüchtigkeit der Liftanlagen, die Ballasttanks, die Stabilität des Schiffes und so fort.

Auch war die Installation einer Klimaanlage eine zeitaufwendige Arbeit, aber ohne Klimaanlage wäre das Schiff in tropischen Klimazonen nicht bewohnbar gewesen. Unendlich viel war noch zu bewältigen. Werftarbeiter führten zwar einige schwierige Arbeiten durch, das meiste blieb jedoch an der Logos-Mannschaft hängen. Jedes einzelne Maschinenteil mußte auseinandergenommen und überholt werden. Das dauerte lange. Die Mannschaft arbeitete oft bis spät in die Nacht, angetrieben von dem Wunsch, das Schiff so bald wie möglich auf die Reise zu schicken.

Die Spannungen und Konflikte, die während des Verschleppens aufgetreten waren, ließen nicht nach, als das Schiff Rotterdam erreicht hatte. Sie verstärkten sich eher. Ein Grundproblem war das Mißtrauen in der Mannschaft. Man kannte einander nicht wirklich gut, und so hatte niemand Vertrauen in die Fähigkeiten des anderen. Viele arbeiteten deshalb vor sich hin, ohne andere um Rat zu fragen.

Ebbo Buurma war nie zur See gefahren, er hatte aber einige Jahre auf einer holländischen Schiffswerft gearbeitet und galt dort als fähiger Schweißer. Auf der Logos ließ man ihn jedoch noch nicht einmal die einfachsten Schweißarbeiten tun, weil er kein Seemann war und man ihn deshalb für unqualifiziert hielt. So war z.B. die Tankdecke eines Öltanks von Rostlöchern durchfressen und mußte neu verschweißt werden. Obwohl das zu den einfachsten Schweißarbeiten zählt, überließ man Ebbo diese Aufgabe nicht. Statt dessen wurde jemand von Land bezahlt, um die Arbeit zu tun. Ebbo kam sich wie ein Vollidiot vor. »Warum bin ich überhaupt gekommen«, fragte er sich, »wenn diese kleine Begabung, die ich habe, nicht genutzt wird?«

Diese Atmosphäre traf George Verwer an, als er nach Rotterdam auf das Schiff zurückkehrte. Aber auch er fühlte sich einer solchen Situation nicht gewachsen. Er hatte Erfahrung darin, junge Menschen zu führen und zu christlicher Nachfolge zu motivieren. Aber mit Seeleuten, die Gott mit ihren praktischen Gaben dienen wollten, mit erfahrenen Männern, die sich in der harten und schonungslosen Arbeitswelt bewährt hatten, zusammen- zuarbeiten, das war für George völlig neu und auch ent- mutigend. Zwar merkte er, was in der Schiffsmannschaft vor sich ging, aber wenn er versuchte, sie zu Liebe, Ein- heit und Demut aufzurufen, schien es ihm oft so, als redete er gegen eine Wand. Manchmal schien nicht ein einziger ihm auch nur zuzuhören, am allerwenigsten die erfahrenen Seeleute.

Diese Seeleute und Handwerker machten jedoch nur einen kleinen Teil der Schiffsbesatzung aus, denn in Rot- terdam kamen auch Leute aufs Schiff, die nicht zur Mannschaft gehörten: Die Ehefrauen und Kinder der Seeleute, junge und ungelernte Männer, die willig waren, jede Arbeit zu tun, sowie Männer für die geistli- che Leitung des Schiffes mit ihren Familien, Sekretärin- nen, ein Buchhalter, ein Lehrer für die Kinder und ver- schiedene andere Arbeiter, die man auf dem Schiff benö- tigte. Ganze Familien zogen auf das Schiff. Niemand wußte genau, wie alles funktionieren sollte. Jemand schlug sogar vor, die Kinder alle in einem großen Kinder- zimmer unterzubringen und zu versorgen. Diese Idee wurde jedoch schnell wieder fallengelassen.

Vera Buurma, die Frau des Schweißers Ebbo, erzählt, wie es ihr erging, als sie zum ersten Mal das Schiff betrat, das für die nächsten sechs Jahre ihre Heimat werden sollte:

»Ich hatte nicht die geringste Vorstellung von dem, was mich erwartete. Ich war so aufgeregt, daß ich meinen Mann anrief, der bereits auf dem Schiff arbeitete, und ihn fragte: »Wie sehen die Kabinen aus?« Am anderen Ende war es ganz still. Das war sehr ungewöhnlich für meinen Mann. Dann sagte er leise: »Sie sind sehr klein.«

Ich fing an, mich ein wenig zu beunruhigen, aber trotz- dem packte ich mit großer Begeisterung meine Koffer.

Und ich packte nicht einfach nur meine Koffer. Ich packte auch zwei VW-Busse voll. Ich bin Holländerin, und Holländer haben es zu Hause gerne gemütlich. Also nahm ich dieses und jenes mit, ein Korb für die Zeitungen, ein Deckchen hier und ein Kissen da. So kam ich mit einem sechs Wochen alten Baby und zwei vollgepackten VW-Bussen aufs Schiff. Wir gingen den Gang zu unserer Kabine hinunter. Mein Mann öffnete die Tür, und ich bekam einen Schock! Ich konnte es nicht fassen! Ein Stockbett und eine kleine Couch, die kaum groß genug für das Baby war, ein kleiner Tisch und ein Stuhl. Das war alles. Für etwas anderes war überhaupt kein Platz, es war buchstäblich kein Platz da. Was blieb uns anderes übrig, als unsere Sachen sofort wieder zurückzuschicken. Aber es ist doch erstaunlich, wozu das menschliche Gehirn fähig ist, denn nach einem Jahr fand ich unsere Kabine ganz gemütlich und eigentlich sogar groß.«

Die Unterbringung auf dem Schiff war so beengt, daß man sich leicht aufgrund der verschiedenen Bedürfnisse in die Quere kommen konnte. Oft war dies nicht auf Egoismus, sondern einfach auf mangelndes Verständnis zurückzuführen. In Rotterdam stieg der Mann zu, der für die Elektronik verantwortlich war, und brachte Unmengen von Drähten und Apparaten an Bord. Er durchsuchte jede Ecke und jeden Winkel im Schiff, ob er ein Plätzchen für seine Geräte fände. Eine kleine Kabine ganz vorn am Bug des Schiffes erschien ihm ideal. Der größte Teil seiner Ausrüstung verschwand darin.

Als auch alleinstehende Frauen an Bord kamen, ging Olivia mit ein paar anderen durch das Schiff, um die Kabinenverteilung festzulegen. Die kleine Kabine im Bug war für eine junge Frau namens Phyllis bestimmt. Olivia informierte den Elektrotechniker, daß die Kabine zur Unterbringung benötigt werde. »Wer soll in die

Kabine rein?« fragte er. Olivia sagte es ihm. »Geht in Ordnung«, meinte er.

Ein paar Tage später schaute Olivia noch einmal in der Kabine nach dem Rechten. Die Drähte und Apparaturen waren immer noch da. »Das darf doch nicht wahr sein«, dachte Olivia. »Was mache ich denn nun?«

Ihre Bestürzung muß sich auf ihrem Gesicht widergespiegelt haben, denn als sie Drena Verwer, die Frau von George, im Gang traf, fragte Drena: »Was ist denn los? Du siehst so verstört aus.«

»Das bin ich auch«, antwortete Olivia. »Ich hatte unseren Elektrotechniker gebeten, die Kabine im Bug des Schiffes zu räumen, weil wir sie für Phyllis brauchen. Er hat seine Geräte darin verstaut. Bis heute ist nichts geschehen! Er meinte nur, Phyllis sei ein guter, alter Kamerad und würde das sicher verstehen.« »Guter Kamerad hin oder her«, sagte Drena entrüstet, »sie ist eine Frau und braucht ihre Schränke!«

Drena machte auf dem Absatz kehrt und nahm die Sache in die Hand. Als Olivia das nächste Mal in die Kabine schaute, waren alle Geräte verschwunden. Phyllis, die von diesem Zwischenspiel nichts mitbekommen hatte, fand eine leere Kabine zu ihrem Empfang vor.

Durch die Anwesenheit von Frauen an Bord der Logos mußten sich nicht nur die männlichen Arbeiter in einigen Punkten umstellen und Verständnis aufbringen, auch für die Werftarbeiter in Rotterdam war es etwas völlig Neues.

»Als wir am ersten Abend nach unserer Ankunft in Rotterdam das Schiff ›eingeparkt‹ hatten, gingen wir alle von Bord«, erzählt Olivia. Wir konnten es gar nicht erwarten, unsere Füße auf festen Boden zu setzen und herumzulaufen. Decio und ich bummelten durch die Straßen, schauten uns Geschäfte an und waren einfach ausgelassen und fröhlich. Als wir zurückkamen, wollte mich der Mann am Tor nicht durchlassen. Es dauerte ziemlich lange, bis er nach vielen Telefonaten begriff, daß ich auf dieses Schiff gehen durfte, weil es mein Schiff war und ich dahin gehörte. Er sagte immer wieder zu uns: ›Keine Frauen an Bord! Keine Frauen an Bord!‹ Ich versuchte, ihm klar zu machen, daß dies der Ort sei, an dem ich mein Zuhause habe.

Ich erinnere mich noch genau, Bernhard Erne bog sich vor Lachen. Für ihn war das das Komischste, was seit langem passiert war.«

Für die Zeit der Arbeiten im Trockendock mußten alle Frauen das Schiff verlassen und an Land untergebracht werden. Kurz vor Weihnachten verließ die Logos das Trockendock und legte wieder am Kai an, neben einem holländischen Unterseeboot. Als dann alle Logos-Frauen am Unterseeboot vorbeimarschierten, wußte der arme Mann, der auf dem Boot Wache hielt, nicht, ob er pfeifen, schießen oder einfach in die andere Richtung schauen sollte.

Während die Mannschaft das Schiff wieder auf Vordermann brachte, evangelisierten die anderen. Mit großer Begeisterung zogen sie in die Stadt, um den Menschen von Jesus Christus zu erzählen. Ebbo Buurma erinnert sich, wie er einmal mit George Verwer die Hauptfußgängerzone entlangschlenderte. »Plötzlich drängte es George, auf der Straße zu predigen, und er schnappte mich und ließ mich übersetzen.« An den Abenden und Wochenenden besuchten Teams verschiedene Gemeinden, in denen sie über ihren Glauben und über das Schiff berichteten. Andere Teams bereisten die umliegenden Länder. Außerdem kamen Menschen zur Besichtigung oder zu Veranstaltungen, die im kleinen Aufenthaltsraum oder im Speisesaal stattfanden, auf das Schiff. Abends besuchten Mannschaftsmitglieder oft andere Schiffe im Hafen, um dort von ihren Erfahrungen mit Jesus Christus weiterzuerzählen.

Die Logos-Leute waren von der Liebe und Großzügigkeit der einheimischen Christen überwältigt. Während ihres ganzen dreimonatigen Aufenthalts in Rotterdam versorgte ein Bäcker sie jeden Tag mit 30 Laib Brot. Eine Wäscherei am Ort wusch kostenlos alle Wäsche, die auf dem Schiff anfiel. Der Inhaber einer Batteriefabrik spendete Autobatterien für den Bedarf von vier Jahren. Andere Menschen schenkten Geschirr, Kleider, Seile und andere Ausrüstungsgegenstände. Die Firma Philips in Holland stellte ein Videodirektübertragungssystem unter Selbstkostenpreis zur Verfügung.

Eine Reihe erfahrener Seeleute verlängerte ihren Urlaub, um zu helfen. Andere Christen ohne besondere Ausbildung boten sich an, jede nötige anstehende Arbeit zu tun. Es lag eine gespannte Erwartung in der Luft, daß Gott bald etwas Großes tun würde, und die Freude, in seinen Plan eingeschlossen zu sein, wurde immer größer.

Das Schiff wurde in sich nur wenig verändert, um es den besonderen Bedürfnissen von OM anzupassen. Die zukünftige Rolle der Logos war noch zu unklar, als daß man sich hätte vorstellen können, welche Veränderungen nötig wären. In erster Linie sollte das Schiff als Transportmittel benutzt werden, um Christen von Hafen zu Hafen zu bringen, wo sie ihre Evangelisationseinsätze durchführen sollten. Das Schiff sollte einen Hafen anlaufen und dort die Mitarbeiter anlanden, die dann die gleiche Arbeit fortsetzen sollten, die OM an Land tut: Traktate verteilen, von Tür zu Tür gehen und Literatur verkaufen, Freiversammlungen abhalten, evangelistische Filme vorführen, in Gemeinden Vorträge halten und versuchen, Christen zu motivieren, sich auf unterschiedliche Art und Weise evangelistisch zu engagieren.

Auch an Bord waren Veranstaltungen geplant, z.B. Konferenzen für einheimische Pastoren. Natürlich gab es auf dem Schiff keinen Vortragssaal, aber der Speisesaal, der etwa 90 Zuhörer fassen konnte, würde dafür sicherlich genutzt werden können.

Wenn dann das Schiff sein eigentliches Ziel, Indien, erreichen würde, könnten Einheimische an Bord gebracht werden, die dann mehrere Wochen geschult und während der Reise unterrichtet werden könnten und denen man anschließend in den Häfen praktische Anleitung zur Evangelisation bieten könnte.

Es wurde auch die Einrichtung von Büchermärkten geplant, die jedoch von vielen eher als »Vorwand« und weniger als echter Auftrag angesehen wurden. Ein Schiff, das Lehrbücher in ein bedürftiges Land bringt, hat einen legitimen Grund, sich dort aufzuhalten – einen Grund, den auch nichtchristliche Regierungsbeamte anerkennen würden. Für die Auslage der Bücher mußte ein Platz gefunden werden, aber zuviel Raum sollte sie nicht einnehmen. Dann gab es da noch die christlichen Bücher. Einige davon könnten auf den Konferenzen an die Pastoren oder an andere Besucher verkauft werden, aber die meisten würden wahrscheinlich durch die Schiffsbesatzung bei ihren Einsätzen von Haus zu Haus oder in den Gemeinden vekauft werden. Verschiedene Vorschläge wurden vorgebracht, wo solch ein Büchermarkt untergebracht werden könnte, aber da es nicht so wichtig schien, wurde letztlich nichts unternommen.

Während die Mannschaft auf dem Schiff in Rotterdam zu tun hatte, versuchten andere Mitarbeiter, das Schiff in London registrieren zu lassen. In England war die Gesellschaft »Educational Book Exhibits« gegründet worden, um alle rechtlichen Angelegenheiten zu regeln und die Verantwortung für das Schiff zu übernehmen. Nach vielen Überlegungen beschloß der Vorstand der Gesellschaft, das Schiff in einem neutralen Land registrieren zu lassen. So wollte man vermeiden, daß die Logos in bestimmten Häfen aufgrund politischer Fragen

Schwierigkeiten bekäme. Sie entschieden sich für Singapur und nahmen Kontakt mit Singapurs Handelsvertretung in London auf.

Am 24. Dezember 1970 flog Peter Conlan nach Singapur, um dort das Schiff registrieren zu lassen. Doch er stand bald vor einem schwierigen Problem: Als was sollte das Schiff zugelassen werden – als Frachtschiff oder als Passagierdampfer oder als was sonst? Die Logos war einzigartig, so etwas hatte es noch nicht gegeben. Die Beamten waren ratlos. Schließlich kamen sie zu dem Schluß, daß sie die von Peter gewünschte Einstufung nicht vornehmen könnten. Enttäuscht reiste er nach Ost-Pakistan ab, wo er in einigen Veranstaltungen sprechen sollte. Aber dort angekommen fragte er sich, ob er es nicht doch noch einmal versuchen sollte. Er schickte dem Mann, bei dem er in Singapur gewohnt hatte, Russell Self, dem Vorsitzenden der dortigen Bibelgesellschaft, ein Telegramm. Peter bat ihn, einige Nachforschungen anzustellen und ihm mitzuteilen, ob es sich lohnen würde, noch einmal zurückzukehren. Prompt kam die Antwort: »Hier hat Gott seine Hand im Spiel. Komm zurück. Dann werden wir sehen.«

Peter flog nach Singapur zurück, verbrachte einen ganzen Tag mit einem Experten des Schiffahrtsministeriums und ging mit ihm Gesetzesbücher durch, um eine Lücke zu finden, in die die Logos rechtlich passen würde. Vom internationalen Schiffahrtsrecht verstand Peter selbst fast nichts, aber eindringlich bat er den Experten, weiterzusuchen, während er um ein Wunder betete. Zu ihrer Erleichterung fand dieser tatsächlich eine Lücke. Innerhalb von 24 Stunden war die Logos offiziell in Singapur registriert.

Peter flog nach Rotterdam zurück. Ein großer Augenblick war gekommen. Die Mannschaft schweißte den Namen Logos auf Steven und Heck des Schiffes.

Ein Ereignis ist allen, die in Rotterdam auf dem Schiff waren, wohl am eindrücklichsten im Gedächtnis haften geblieben: Das Schiff wäre eines Tages beinahe gekentert. Ebbo Buurma, der holländische Schweißer, erzählt:

»Es gab eine Meinungsverschiedenheit wegen der Wassertanks. Eines Tages hatten einige Männer ein paar Tanks leergepumpt, so daß das Schiff leicht Schlagseite bekam. Wir hatten Anordnung bekommen, die Tanks wieder mit Wasser aufzufüllen. Ich half zusammen mit dem Bootsmann Bernhard Erne beim Auffüllen. Als wir auf dem Vordeck standen, sahen wir, wie sich das Schiff leicht nach steuerbord neigte und sich dann wieder aufrichtete. Aber es blieb nicht aufrecht stehen, es neigte sich plötzlich mit unglaublicher Geschwindigkeit zur anderen Seite, Richtung Hafen, bis es fast auf den Kai gekippt war. Bernhard reagierte sofort und schrie: ›Bringt Frauen und Kinder von Bord!‹ Ein Holländer, der zum Auffüllen auf das Schiff gekommen war und der sein ganzes Leben Wasser in Schiffe gepumpt hatte, sprang zu Tode erschrocken schnurstracks an Land, weil er fürchtete, die Logos könnte ganz kentern. Ich rannte ins Schiff, mußte eine Schräge von fast 35 % hochlaufen und die Tür zu meiner Kabine aufstoßen, um hineinzugelangen. Da stand meine Frau Vera mit unserem Sohn Stefan in der Kabine und wischte in aller Seelenruhe den Tisch ab. Dieses kleine Problem beunruhigte sie überhaupt nicht. ›Mach, daß du vom Schiff kommst!‹ schrie ich. ›Wieso?‹ fragte sie geistesabwesend. ›Na, Mensch, das ganze Schiff kentert doch!‹ ›Oh, und ich dachte, das sei normal.‹ Wir schnappten uns Stefan, der erst ein paar Wochen alt war, und hasteten an Land.«

George Verwer, der mit seiner kleinen, schwarzen Aktentasche an Land stand, kniete sofort am Kai nieder und rief mit heiserer Stimme: »Laßt uns beten! Laßt uns beten!« Kapitän Kristiansen kam gerade von der Post zurück, wo er telefoniert hatte; er blieb wie angewurzelt stehen und rief entsetzt: »Was ist mit meinem Schiff passiert?«

Die Mannschaft durchkämmte das Schiff, um sicherzustellen, daß auch alle von Bord waren. Bernhard Erne erinnert sich, daß einer der Ingenieure, der Nachtwache hatte, in seiner Kabine schlief. Er raste zu der Kabine, drehte den Türknopf und versuchte, die Tür aufzustoßen. Nichts geschah, die Tür bewegte sich keinen Zentimeter. Durch die Schräglage des Schiffes war eine Schublade aus der Kommode geglitten und hatte sich hinter der Tür verklemmt. Bernhard pochte laut gegen die Tür, bis der Ingenieur aufwachte.

Im Gegensatz zu fast allen anderen an Bord verbreitete der leitende Ingenieur Yarr eine Atmosphäre der Zuversicht, daß alles unter Kontrolle sei. Nachdem er pflichtgemäß alle anderen an Land befördert hatte, fuhr er fort zu tun, was er getan hatte, als die ganze Aufregung angefangen hatte: Eier und Speck zu braten. Er fühlte sich offensichtlich ganz in seinem Element, denn er teilte seelenruhig belegte Brote an die Besatzung aus, die in beißender Kälte am Kai stand.

Es dauerte mehrere Stunden, bis das Schiff wieder in eine stabile, aufrechte Position zurückgebracht war. Der Unfall war auf mangelnde Verständigung zwischen verschiedenen Abteilungen zurückzuführen. Eine Abteilung hatte Tanks geleert, damit sie von einem Boot aus, das an die Seite des Schiffes herangefahren war, dampfgereinigt werden konnten. Eine andere Abteilung hatte angeordnet, daß von Land Trinkwasser aufgefüllt werden sollte. Dadurch hatte das Schiff sein Gleichgewicht verloren. Kapitän Kristiansen war sehr verärgert, da er strikte Anweisung gegeben hatte, die Tanks nie so aufzufüllen, wie es an jenem Tag geschehen war. Die Frauen und Kinder blieben mehrere Tage an Land in der Seemannsmission, bis jeder davon überzeugt war, daß das Schiff wieder völlig sicher war.

Dave Thomas, einer der Ingenieure, schätzte die Schlagseite auf 21 Grad. Er meinte, daß sich das Schiff gegen den Kai gelehnt hätte und gar nicht weiter hätte absinken können, so daß die Gefahr des Kenterns nie bestanden habe. Andere waren sich nicht so sicher. Der Schreck, den alle bekommen hatten, war nicht so leicht aus den Gedanken fortzuwischen. Noch Monate später hatten viele eine Schnur wie ein Senkblei von der Kabinendecke hängen, das sie warnen sollte, wenn das Schiff erneut zu kippen drohte.

Dieser Vorfall hatte jedoch auch positive Auswirkungen. George Verwer hatte den Eindruck, daß die Besatzung eher bereit war, auf ihn zu hören. Einige Offiziere trafen sich mit ihm in seiner Kabine, um die Lage zu besprechen. Zum Schluß knieten sie nieder und baten Gott um seine Vergebung und Hilfe. Die Spannung innerhalb der Mannschaft ließ nach – zumindest vorläufig.

Jungfernfahrt

In den frühen Morgenstunden des 18. Februar 1971 fuhr die Logos langsam auf der Themse flußaufwärts in Richtung London. Die Fahrt ab Rotterdam, ihre erste Fahrt aus eigener Kraft, war reibungslos verlaufen. Trotz der frühen Stunde – es war 3.00 Uhr morgens – waren viele auf der Logos hellwach und ganz aufgeregt vor Freude. Sie standen an Deck und versuchten, die Umrisse der Tower Bridge beim Näherkommen auszumachen. Zu ihrer Überraschung und Freude wurden Melodien vom Wind über den Fluß getragen. Eine Gruppe von Christen, die sechs Jahre lang für das Schiff gebetet hatte, stand auf einem Brückenturm. Als das Schiff die Brücke passierte, sangen sie: »Oh Gott, dir sei Ehre, der Großes getan«.

George Hider von der Londoner Stadtmission erinnert sich:

»Ich weiß noch genau, wie ich frühmorgens am Sonntag einen Anruf bekam: ›Die Logos wird am Sonntag in den frühen Morgenstunden die London Bridge passieren.‹ Mit meinem kleinen Sohn fuhr ich im Wagen zur Tower Bridge, wo wir auf dem in der Nähe liegenden Kriegsschiff Belfast warteten (während des Wartens durfte mein Sohn sogar die Flagge der Belfast hissen!).

Bis heute hängt an meiner Büropinnwand noch ein Photo von dem herrlichen Anblick der Logos, wie sie die Tower Bridge passiert ... die Brücke war geöffnet worden, am Horizont ging die Sonne auf. Der Tag, für den wir so lange vorbereitet und gebetet hatten, war endlich da.«

Ein Streik der Post hatte einen Großteil der Kommunikation in ganz Großbritannien lahmgelegt, so daß sich die OMer fragten, wieviele wohl die ersten Veranstaltungen der Logos besuchen würden. Sie hätten sich keine Sorgen zu machen brauchen. Durch die englischen OM-Teams waren die Christen im Land, die Interesse an der Sache hatten, bestens informiert worden. Viele von ihnen hatten lange für das Schiff gebetet und konnten es kaum erwarten, die sichtbare Antwort auf ihre Gebete vor Augen zu haben.

Am ersten Samstag, an dem die Logos für die Öffentlichkeit geöffnet wurde, kamen ca. 1 600 Menschen an Bord – zum Glück nicht alle auf einmal, sondern über den Tag verteilt. Einige kamen zu festgesetzten Veranstaltungen: zum Empfang für christliche Buchhändler, zum Mittagessen für Leiter verschiedener christlicher Missionen, zum Treffen für Studenten, zum Fünf-Uhr-Tee für ehemalige OM-Mitarbeiter. Andere kamen einfach nur, um das Schiff zu besichtigen. Sie konnten an einer langen Führung durch einen Großteil des Schiffsinneren teilnehmen und den Maschinenraum, die Laderäume, die Kombüse, in der alle Mahlzeiten zubereitet wurden, den Funkraum und die winzigen Kabinen, in denen oft bis zu vier Personen untergebracht waren, besichtigen.

Eine Frau, die auch das Schiff besichtigte, vertraute sich einem Seelsorger auf der Logos an. Sie war drauf und dran gewesen, die Hoffnung für ihre Ehe aufzugeben und vielleicht auch ihren christlichen Glauben. Bei der Schiffsbesichtigung wurde ihr jedoch klar: Wenn Gott ein solches Schiff bereitstellen konnte, konnte er auch in ihrer Situation helfen. Sie verließ das Schiff mit dem neuen Entschluß, Gott zu dienen und seiner Führung für ihre Ehe zu vertrauen.

Höhepunkt dieses Tages war die Veranstaltung im »Metropolitan Tabernacle«. Über tausend Menschen hatten sich im Auditorium versammelt, um Kapitän Kristiansen und dem leitenden Ingenieur Yarr zuzuhören, die aus ihrem Leben als Christen berichteten und über das Schiff informierten. Auch wurden die Anwesenden ermutigt, ihr Leben ganz neu Jesus Christus anzuvertrauen. Viele Zuhörer kamen dieser Aufforderung nach. Am Ende dieses Tages war die Logos-Besatzung erschöpft, aber glücklich, daß ihr »offenes Haus« so ein Erfolg gewesen war und daß die Menschen, die das Schiff gesehen hatten, nun viel gezielter für seinen Dienst beten würden.

Die beiden letzten Tage, Sonntag und Montag, verliefen fast genauso hektisch. Am Sonntag wurde ein Essen für die Eltern und Pastoren von OMern gegeben, um ihnen ein besseres Verständnis für das, was ihre jungen Leute auf dem Schiff machten, zu ermöglichen. Am Dienstag morgen wurde die Abfahrt vorbereitet.

Der Einsatz auf der Logos war für die jungen Menschen natürlich neu und machte Freude. Andere Erlebnisse waren zwar auch neu, machten aber weniger Freude. Eine der Frauen, die in einer Kabine im Bug des Schiffes wohnte, wurde eines Nachts durch ein furchtbares Geräusch aus dem Schlaf gerissen. Der Anker wurde genau auf der anderen Seite der Wand zu ihrer Kabine heruntergelassen. Der Lärm war ohrenbetäubend. Fest davon überzeugt, daß das Schiff etwas gerammt hätte, schnappte sie Regenmantel und Rettungsweste, versuchte, sie irgendwie über ihren Schlafanzug zu ziehen und rannte zu ihrer Rettungsbootstation. Doch dort war niemand, nur Kapitän Kristiansen, ein Offizier und ein Lotse. Kapitän Kristiansen schaute sie fragend an: »Ja?«

Die junge Frau kam sich wie ein Narr vor und kehrte in ihre Kabine zurück. Sie schämte sich nicht so sehr über ihre Reaktion als über ihr Verhalten ihrer Zimmerkollegin gegenüber. Sie hatte vergessen, sie aufzuwecken, als sie davonrannte, um der »Katastrophe« zu entgehen.

Die Veranstaltungen in London waren jedoch nur Teil der Schiffsaktivitäten, die in England durchgeführt wurden. Die meiste Arbeit geschah hinter den Kulissen.

Mike Wiltshire war schon wochenlang vorher in England beschäftigt. Er war der erste von vielen »Line-Up«-Männern. Das sind Männer, die vor Einlaufen des Schiffes in einen Hafen geschickt werden, um Veranstaltungen zu organisieren, das Progamm zu planen und alle nötigen Vorbereitungen zu treffen. Ohne jegliche Ausbildung oder Erfahrung auf diesem Gebiet mußte Mike, von Beruf Journalist, seinen Weg finden. Welche Vorbereitungen waren nötig, damit ein Schiff wie die Logos mit einer Besatzung aus über zwölf verschiedenen Ländern in London einlaufen konnte?

Natürlich mußten mit den Hafenbehörden bestimmte Vereinbarungen getroffen werden, um im Hafen anlegen zu können. Der Direktor der London Port Authority, Fregattenkapitän Satow, war überaus hilfsbereit und bot einen idealen Liegeplatz an. Er überließ diesen sogar noch kostenlos, abgesehen von einer sehr geringen Benutzungsgebühr für Dinge wie z.B. die Bojen an der Anlegestelle.

Es gab nur ein Problem. Die Logos war ein großes Schiff für diesen Teil der Themse. Die Tiefe des Wassers am Liegeplatz wurde auf 4,30 Meter geschätzt, bei Flut auf 5,50 Meter. Würde das für die Logos ausreichen? Mike war sich nicht sicher, da er von Kapitän Kristiansen gehört hatte, daß der Tiefgang des Schiffes ungefähr zwischen 4,90 und 5,50 Meter liege. Der Tiefgang hängt natürlich davon ab, wie schwer das Schiff beladen ist. Mike brauchte bei seiner Unerfahrenheit logischerweise genauere Informationen, um eine Entscheidung treffen zu können. Fregattenkapitän Satow fügte hinzu, daß die Wassertiefe zwar nur 4,30 Meter betrage, das Flußbett aber aus sehr weichem Schlamm bestünde und ein eisfestes Schiff wie die Logos in der Lage sein sollte, im Schlamm aufzusitzen, das hätte bei anderen Schiffen auch geklappt. Mike schickte eine dringende Bitte an Kapitän Kristiansen in Rotterdam, ihm weiterzuhelfen. Schließlich entschieden die beiden, daß die Situation zu bewältigen war.

Die Klärung der technischen Einzelheiten für das Anlegen des Schiffes und die Vorbereitungen für die Erledigung der Paß- und Zollkontrollen war nur ein Teil der Aufgaben, die der Line-Up-Mann – zu bewältigen hatte. Er mußte auch ein Programm erstellen. In Zusammenarbeit mit OMern und anderen Christen vor Ort mußte Mike entscheiden, welche Gruppen zu Veranstaltungen und Mahlzeiten an Bord eingeladen werden sollten, welche Veranstaltungen an Land abgehalten werden sollten und wie sich die Schiffsbesatzung in bereits bestehenden, christlichen Veranstaltungen in Gemeinden und sonstwo engagieren könnte.

Mit dem Schiff nach Großbritannien zu kommen war noch leicht, stellte Mike bald fest. Schließlich gehörte die Logos ja offiziell einer englischen Gesellschaft. Die christliche Öffentlichkeit war bis zu einem gewissen Grad über das Schiff informiert. Und die Behörden waren in der Regel christlichen Dingen gegenüber aufgeschlossen. Aber was würde geschehen, wenn das Schiff ein Land besuchen wollte, das noch nie von ihm gehört hatte? Ein Schiff, das weder ein Fracht- noch ein Passagierdampfer war, das einen Kai nicht wie die meisten Schiffe für ein paar Stunden oder Tage, sondern gleich viele Tage oder vielleicht sogar Wochen belegen wollte? Das eine Besatzung an Bord hatte, deren ganze Leidenschaft darin bestand, über Jesus Christus reden oder zumindest Literatur über den christlichen Glauben verteilen zu dürfen? Wie sollte man afrikanische oder asiatische Behörden dazu bewegen, den Besuch eines solchen Schiffes in ihrem Land gutzuheißen?

Mike war seit langem überzeugt, daß eine Broschüre vorbereitet werden müßte, die die Logos in akzeptabler Weise darstellte. Einige Monate zuvor, noch bevor das Schiff überhaupt gekauft war, hatte er ein solches Blatt vorbereitet und ihm den Titel »Sachbuchausstellung« gegeben. Die achtseitige Hochglanzbroschüre schilderte eindrücklich den Lehrauftrag des Schiffes. Der Text wurde durch Photos aufgelockert, um Interesse und Glaubwürdigkeit zu wecken – eine interessante Präsentation eines Büchermarktes, die noch nie stattgefunden hatte. Die Photos der Sachbuchausstellung waren jedoch authentisch. Der Name »Educational Book Exhibits« war von einem bestehenden OM-Arbeitszweig entliehen: einem Team, das in Indien und Nepal mit einer großen Auswahl an Sachbüchern und auch einigen wenigen christlichen Büchern umherreiste. So wollte man in den verschiedenen Städten einen Anknüpfungspunkt haben. Mike stellte die Logos neben dem Büchermarkt als eine Möglichkeit der Schulung und Ausbildung dar.

Während Mike Wiltshire an seiner Farbbroschüre arbeitete, fand Philip Morris, Mitte zwanzig, OMer aus England, große Freude an seiner Arbeit mit den ursprünglichen »Educational Book Exhibits« in Indien und Nepal. Kurz nach dem Kauf der Logos erhielt Philip einen Brief von George Verwer, der ihn fragte, ob er nach England kommen könne, um Bücher für die Ausstellung auf der Logos einzukaufen.

Philip antwortete: »Nein, mir macht meine Arbeit hier sehr viel Spaß.«

Daraufhin erhielt er ein Telegramm, das im wesentlichen ausdrückte: »Tu, was man dir sagt. Komm!«

Philip bestieg ein Flugzeug, erreichte Rotterdam kurz nach der Ankunft des Schiffes. An Bord merkte er bald, daß keiner darüber nachgedacht hatte, wo der Büchermarkt eingerichtet werden sollte. Jeder war damit beschäftigt, die Reparaturen am Schiff durchzuführen, für die er zuständig war. Schließlich fand Philip einige Leute, die wenigstens bereit waren, mit ihm das Problem zu besprechen. Gemeinsam durchkämmten sie das Schiff und untersuchten die Möglichkeiten.

Eine Möglichkeit wäre die Benutzung einer der Laderäume gewesen: große dunkle Räume unter Deck, die für die Lagerung von Frachtgut bestimmt waren. Eine Wendeltreppe müßte eingebaut werden, auf der die Besucher hinuntergelangen könnten. Richtige Beleuchtung müßte eingebaut werden. Die Schwierigkeit war jedoch die: Falls zu viele zur gleichen Zeit die Ausstellung besuchen wollten, könnten Engpässe entstehen. Und wie sollten die Besucher ins Freie gelangen, falls Feuer ausbräche?

Eine andere Möglichkeit war der Speisesaal. Jemand machte den genialen Vorschlag, die Bücher auf Brettern auf den Tischen auszulegen und die Bretter mit Seilen an der Decke festzubinden. Wenn dann die Tische für die Mahlzeiten gebraucht würden, könnten die Bücher einfach an die Decke hochgezogen werden. Wen überrascht es, daß diese Idee als unpraktisch verworfen wurde?

Ohne die Angelegenheit geklärt zu haben, mußte Philip nach England abreisen, um Bücher zu kaufen. Er erzählt:

»Niemand wußte, welche Bücher wir eigentlich brauchten. Wir wußten nur, daß wir sie nach Afrika und Indien mitnehmen wollten. Deshalb meinten wir, daß es wahrscheinlich günstig wäre, Bücher von Autoren aus diesen Ländern zu haben, und zwar Sach- und Lehrbücher. Weiter ging unsere Vorstellung nicht. Ich nahm mir die ›Gelben Seiten‹ des Londoner Telephonbuches vor und schrieb an alle aufgeführten Verlage. Es waren etwa 170 oder vielleicht sogar 200. Damals hatten wir keine Textverarbeitungssysteme, keinen Computer.

Jeder Brief mußte einzeln und persönlich getippt werden. Den Briefen legten wir eine Broschüre über das Schiff bei. Im wesentlichen schrieben wir folgendes: ›Wir haben ein Schiff gekauft. Wir fahren nach Afrika und Indien, und wir wollen Bücher kaufen. Bitte schicken Sie uns Ihren Katalog. Können wir Sie zu einem Gespräch aufsuchen?‹ Die Broschüre gab nur sehr allgemeine Informationen über das Schiff. Ich hatte zwar einige Bilder von einem Schiff, aber das war noch nicht einmal unser Schiff, denn als die Broschüre hergestellt wurde, hatten wir das Schiff noch nicht. In der Broschüre stand nur, daß wir Lehr- und Sachbücher für unsere Sozialarbeit verwenden wollten. Da die Broschüre für säkulare Firmen in England bestimmt war, ging aus ihr noch nicht einmal hervor, daß wir Christen waren. Sie erwähnte nur ganz allgemein, daß wir an Gott glaubten. Ich mußte die Broschüre sehr allgemein halten, da wir wirklich noch keine konkreten Vorstellungen hatten.

Ich schickte also diese Briefe an die Verlage, von denen in den darauffolgenden Wochen nicht mehr als 20 antworteten. Von den Antworten, die kamen, schienen einige jedoch recht vielversprechend zu sein. Eine Antwort kam von Hodder and Stoughton, einem der größeren Lehrbuchverlage in England, der – wie es so spielt – auch religiöse Literatur vertreibt. Wir interessierten uns allerdings nur für die Lehrbücher. Ich machte einen Termin mit dem Exportverkaufsleiter aus.

Ich ging in sein Büro, zeigte ihm meine Broschüre (die er sowieso schon hatte) und sagte ihm, daß wir Bücher für das Schiff kaufen wollten. Er befragte mich ein wenig über die Art der Bücher.

›Ja, das weiß ich nicht so genau‹, sagte ich, ›aber ich nehme gerne Ihre Ratschläge an.‹

Dann fragte er mich, wie wir denn bezahlen wollten; ob wir bar bezahlen wollten. ›Nun, nein‹, antwortete ich, ›wir haben kein Bargeld. Wir hätten gerne einen Kredit.‹

Ich war absolut ehrlich, und das muß er gemerkt haben, denn er bat mich, einen Augenblick zu warten. Nach zehn Minuten kam er wieder und sagte: ›Unser Verlagsleiter ist heute im Haus. Ich habe ihn kurz unterrichtet, und er würde Sie gerne sprechen.‹

Man brachte mich rasch zum Verlagsleiter, der hinter einem großen Schreibtisch saß. Er stellte mir einige Fragen, und ich gab aufs neue meinen Bericht. Das dauerte vielleicht zwei Minuten; mehr hatte ich nicht zu sagen.

Dann fragte er mich: ›Besitzen Sie Handelsreferenzen?‹

Ich wußte nicht genau, was Handelsreferenzen waren, und so zögerte ich. Dann stammelte ich: ›Ich weiß nicht genau.‹ Jetzt weiß ich natürlich, was Handelsreferenzen sind und weiß, daß ich ihm damals praktisch gesagt habe, daß wir keine haben.

Dann fragte er mich nach unserem Bankkonto und ob wir bar bezahlen würden. Also erklärte ich von neuem:

›Wir leben aus dem Glauben und glauben, daß Gott das Geld bereitstellen wird. Was jedoch die Bücher anbelangt, so wollen wir diese ja verkaufen und können dann das Geld zurückschicken, um die Bücher zu bezahlen, und dann wieder neue bestellen.‹

Dann erklärte er mir, was eine Handelsreferenz ist. ›Wenn Sie zu einer Firma gehen und nicht bar bezahlen, dann können Sie die Bücher zwar auf Kredit bekommen, aber man möchte eine Referenz sehen, aus der hervorgeht, daß Sie mit einer Firma in guter Beziehung stehen.‹

Dann tat er etwas Erstaunliches. Er sagte: ›Philip, ich bin wirklich davon überzeugt, daß dieses Projekt ein Erfolg werden wird. Wenn Sie zu anderen Firmen gehen und die Sie nach einer Handelsreferenz fragen‹, und damit zog er seine Visitenkarte aus seiner Westentasche

68

und gab sie mir, ›dann sagen Sie ihnen, daß sie mich persönlich anrufen sollen. Ich werde eine Referenz für Sie abgeben.‹

Für mich war klar, das war ein Wunder. Jahre danach erfuhr ich, daß nach diesem Gespräch eine handschriftliche Notiz vom Verlagsleiter an den Verkaufsleiter gegangen war, die ihn anwies, der ›Educational Book Exhibits‹ die niedrigsten Sonderpreise und die besten Zahlungsbedingungen zu gewähren.

Als ich dann andere Verlage besuchte, gab ich einfach nur seinen Namen an und bekam überall die günstigsten Preise und Zahlungsbedingungen angeboten.«

In den christlichen Medien in England wurde über den Start des Schiffsprojekts ausführlich berichtet. Der Leitartikel einer christlichen Zeitung begann mit den Worten: »Es ist erfrischend, einmal nicht von schwierigen Missionssituationen, Schließungen theologischer Fakultäten, langatmigen Gemeindeversammlungen und sinkenden Mitgliederzahlen zu hören, sondern von einem christlichen Projekt, das einem schon durch seine Kühnheit den Atem nimmt.«

Die meisten der öffentlichen Reaktionen waren positiv, aber es tauchten auch ernsthafte Bedenken auf. James Sutton hatte einige nagende Fragen auf dem Herzen. Würde der Büchermarkt im Wettbewerb zu den örtlichen christlichen Buchhandlungen in den Häfen stehen und ihnen somit schaden? War ein Schulungsprogramm auf einem Schiff besser als eines an Land mit bereits bestehenden Hilfsmitteln? War OMs Annahme realistisch, durch den Transport von Menschen, Fahrzeugen und Gütern nach Asien sehr viel Geld einsparen zu können? Hatte OM die Konsequenzen durchdacht, die durch ihre Sozialarbeit entstehen könnten? Wären sie bereit, ein Programm sofort abzubrechen und sich in ein Krisengebiet aufzumachen?

Das waren berechtigte Fragen, die sorgfältig geprüft werden mußten, aber zu diesem Zeitpunkt hatten die Leute auf der Logos keine endgültigen Lösungen.

Lange vor der Veröffentlichung dieser Artikel hatte David Winter in dem christlichen Magazin »Crusade« (Der Feldzug) über die Logos geschrieben, das Vorhaben sei ein »Evangelisationsluftschiff«. Dieser Begriff stammte aus einem Roman, in dem einige Christen ihre täglichen Pflichten ihren Nächsten gegenüber vernachlässigten und statt dessen einen großartigen Evangelisationsplan aufstellten, für den sie ein Luftschiff benutzten – ein teures Spektakel ohne jeden inneren Wert. Als Reaktion auf diesen Artikel schrieb Norman Green, ein betagter Engländer, folgenden persönlichen Brief an George:

> »Ozeanschiffe haben mich schon als Junge fasziniert und tun es heute noch (ich bin jetzt 75 Jahre alt). Aber der zynische und unfreundliche Artikel über das ›Evangelisationsluftschiff‹, der vor einigen Wochen in der Zeitschrift Crusade erschienen ist, trieb mich ins Gebet. Ich hatte den starken Eindruck, daß wir, falls dieses Schiff von Gott gewollt ist, gegen den Teufel, der hinter diesem Angriff steckt, beten und dieses Vorhaben in ein Lob zur Ehre Gottes verwandeln müssen. Meine Frau und ich stimmen in diesem Punkt überein, und nach dem Maß seiner Gnade werden wir nicht aufhören, zu beten...«

Die Zeit verging, und mehr Informationen über das Schiffsprojekt wurden bekannt. David Winter änderte seine Meinung. Als das Schiff in London anlegte, stattete er ihm einen Besuch ab und hatte Gelegenheit, mit verschiedenen Besatzungsmitgliedern zu sprechen.

Nach seinem Besuch erschien dieser erfreuliche Artikel in der »Crusade«:

> »Ich hätte es ihnen nicht verübeln können, wenn mich die Besatzung von den Schiffsplanken aus in das trübe Hafenwasser Londons geschubst hätte. Statt dessen nahmen sie all ihre Vorräte an christlicher Liebe zusammen und hießen mich an Bord herzlich willkommen, und ich konnte das Schiff besichtigen. Ich bekam ein ausgezeichnetes Mittagessen im Speisesaal des Schiffes, bevor es nach Asien auslief. Unsere neuen Leser werden nicht wissen, daß ich im letzten Jahr dieses schwimmende, evangelistische Zentrum von Operation Mobilisation voreilig als ›Evangelisationsluftschiff‹ bezeichnet habe, aber darüber wurde großzügig hinweggesehen. George Verwer zeigte mir die nützlichen Einrichtungen auf diesem gut ausgestatteten Dampfer. Die Daten und Fakten finden Sie auf S. 30, aber lassen Sie mich hier und jetzt sagen, daß die Logos ein gut organisiertes, strategisch wichtiges Projekt zur richtigen Zeit ist und daß die Mitarbeiter sich der Gefahren wohl bewußt sind und mit beiden Beinen auf der Erde bzw. auf Deck stehen.«

Während die Logos in London lag, wurde die christliche Presse zusammen mit anderen christlichen Leitern auf das Schiff eingeladen. Während ihres Besuches nahmen sie an einer Führung durch das Schiff teil, und man gab ihnen eine Vorschau auf künftige Pläne. Als Mike Wiltshire mit den Besuchern auf der Brücke stand, bemerkte er, wie sich ein Herr zu einem anderen umdrehte und ihm hörbar laut zuflüsterte: »Ich geb' der Sache ein Jahr!«

Reise nach Indien

Am 26. Februar 1971 stach die Logos von England aus zu ihrer ersten Reise nach Indien in See. Die Besatzung an Bord war voll freudiger Erwartung. Endlich hatten sie das Ziel erreicht, für das sie jahrelang gebetet hatten. Sie waren auf dem Weg nach Indien! Die starke Aufmerksamkeit, die man ihnen in England geschenkt hatte, und die Unterstützung und guten Wünsche so vieler christlicher Freunde steigerten ihre Erwartungen noch.

Die ersten Anlaufhäfen waren Le Havre in Frankreich und Vigo in Spanien. Als die Logos in Vigo einlief, wurde sie zuerst von einem einheimischen Christen gesichtet, der gerade seine Siesta an einem Fleckchen genoß, von dem aus er die Bucht überblicken konnte. Durch das Fernglas entzifferte er den Namen Logos.

Am nächsten Tag kamen über hundert christliche Leiter aus ganz Spanien zu einer dreitägigen Konferenz auf das Schiff. Ein Schwerpunkt der Konferenz war das Gebet. Selbst zutiefst berührt malte George Verwer den Anwesenden die in Indien und anderen Ländern herrschende Not vor Augen und forderte sie auf, jetzt und später für diese Länder zu beten. Viele erzählten später beschämt, daß sie noch nie auf die Idee gekommen waren, für andere Gruppen oder Länder zu beten.

In der Hauptveranstaltung sprach George über die vier Dinge, deren die Kirche seiner Meinung nach am nötigsten bedarf: stilles Hören auf das Wort Gottes; Gebet und Anbetung; Einheit und Liebe; Wahrhaftigkeit anstatt religiöser Maskerade. Es war eine aufrüttelnde Botschaft, viele Zuhörer waren tief bewegt. Eine Auswirkung war, daß am nächsten Morgen eine echte geistliche Einheit unter diesen Christen verschiedener Konfessionen und theologischen Überzeugungen zu spüren war. Es war bekannt, daß das Verhältnis einiger Männer untereinander zutiefst gestört war; dennoch begannen auch hier, Beziehungen zu heilen.

Während der Konferenz waren andere Besatzungsmitglieder in verschiedenen missionarischen Einsätzen engagiert. Etwa sechs Wochen nach dem Aufenthalt in Vigo erhielt ein Ehepaar auf der Logos daraufhin folgenden Brief:

»Lieber Larry, liebe Nancy.

Ich bin der Matrose, den Ihr vor zwei Monaten vor der Telefonzelle in Vigo getroffen habt. Ich nahm Eure freundliche Einladung an und ging mit anderen Matrosen auf die Logos. Erinnert Ihr Euch?...

Auf der Logos spürte ich dann, daß die Atmosphäre irgendwie anders war, alles erinnerte mich an Christus. Ich dachte schon vorher oft, daß die Wahrheit in der Bibel zu finden sei, aber das wollte ich nicht akzeptieren.

Einige Tage später fuhr ich nach Barcelona, um eine Prüfung abzulegen und besuchte dort eine Gemeinde. Als ich nach Vigo zurückkehrte, besuchte ich auch dort eine Gemeinde. Bei meinem dritten Besuch wurde mir zum ersten Mal in meinem Leben klar, daß der lebendige Jesus Christus in mein Leben treten möchte, ich mich aber nie um ihn geschert hatte. Ich sah ein, daß ich ihm gegenüber schuldig war, bat ihn um Vergebung und überließ ihm die Führung in meinem Leben.

Danach spürte ich einen tiefen, nie gekannten Frieden in mir. Ich war umgewandelt, ich war ein neuer Mensch. Es ist wahr, mit Worten kann ich

meine Bekehrung gar nicht beschreiben, aber
Christus hat mein Leben verändert und verändert
es immer noch…«

Bevor die Logos aus Vigo auslaufen konnte, mußte der
Schiffsmakler bezahlt werden. Der Kapitän hatte kein
Bargeld, und der Makler weigerte sich, einen amerikanischen Scheck von einer Bank in Chicago anzunehmen,
von der er noch nie etwas gehört hatte. Als die zwei Männer in der Kapitänskabine noch nach einem Ausweg
suchten, klopfte es an der Tür.

»Herein«, rief Björn. Eine junge Frau kam herein, die
als Funkoffizier auf dem norwegischen Schiff arbeitete,
das neben der Logos lag. »Unserer Mannschaft hat der
Besuch auf Ihrem Schiff gestern abend sehr gefallen, und
wir möchten Ihnen gerne eine kleine Spende geben, die
wir zusammengelegt haben«, erklärte sie und reichte
dem Kapitän einen Briefumschlag.

Björn dankte ihr herzlich. Nachdem sie gegangen war,
öffnete er das Kuvert. Es enthielt genau den Betrag, den
der Makler gefordert hatte.

Verblüfft sagte der Makler: »Oh, behalten Sie das Bargeld. Sie können mir den amerikanischen Scheck
geben.«

Der nächste Anlaufhafen der Logos war Las Palmas
auf den Kanarischen Inseln. Dieser Aufenthalt war
hauptsächlich aus einem Grund mit eingeplant worden:
Das Schiff mußte bebunkert werden. Die Logos hatte
London gerade mit so viel Treibstoff verlassen, daß sie bis
zu den Kanarischen Inseln fahren konnte, wo Treibstoff
viel billiger war – zu der Zeit ca. 50 DM pro Tonne. Es war
nur ein kurzer Zwischenaufenthalt vorgesehen, und deshalb war niemand vorher über das Schiff informiert und
auch kein Programm erstellt worden. Als die Logos im
Hafen einlief, drängten die Besatzungsmitglieder sich

auf Deck an der Reling und sogen begierig den gewaltigen Anblick und die neuen Eindrücke in sich auf. Zu ihrem Erstaunen standen einige Leute zur Begrüßung am Kai. Woher wußten sie von der Ankunft der Logos? Ohne daß die Logos-Besatzung etwas davon wußte, war die erwartete Ankunft als die Hauptnachricht des Tages über den spanischen Nachrichtensender gegangen!

Sobald das Schiff angelegt hatte, kam das Begrüßungskomitee, bestehend aus einheimischen Christen, an Bord. Schon bald diskutierten sie mit den Programmleitern angeregt die Planung evangelistischer Einsätze und Veranstaltungen am Wochenende. Abends nahmen sie dann noch an der langen Gebetszeit der Schiffsfamilie teil.

Nach einem arbeitsreichen Wochenende ging die Logos vor Anker. Der Treibstoffvorrat war aufgefüllt worden, aber George Verwer und die anderen OM-Leiter hatten entschieden, daß das Schiff Europa nicht verlassen sollte, bis alle offenen Rechnungen bezahlt waren. Die Treibstoffrechnung war die höchste aller Rechnungen. Die Besatzung wußte, daß kein Geld vorhanden war. Sie hatten gehofft, daß das Geld während des Aufenthalts der Logos in England eingehen würde. Man meinte, die Christen dort würden sicherlich großzügig spenden, wenn sie das Schiff sähen und seinen Auftrag verstünden. Diese Annahme war jedoch falsch. Die englischen Christen erwarteten, daß OM um Geld bitten würde, wenn sie es benötigten. Zu der Zeit hatten die OM-Verantwortlichen jedoch den Eindruck, nicht um Geld bitten und noch nicht einmal eine Anspielung auf die finanziellen Bedürfnisse machen zu sollen. Wenn Gott wirklich mit dieser Arbeit war, überlegten sie sich, konnte er selbst die Menschen zum Geben bewegen.

Der Aufenthalt auf den Kanarischen Inseln wurde dann zu mehr als nur einem Warten auf das Geld, um die Rechnungen zu bezahlen. Er war auch eine Prüfung, um herauszufinden, ob Gott hier wirklich am Werk war. Falls dem so war, würde er für sie sorgen. Falls er nicht für sie sorgen würde, wäre es sinnlos, ohne ihn weiterzumachen.

Als sie vor Anker lagen, rief George die Besatzung im Speisesaal zusammen: »Gott hält uns an dem denkbar entlegensten Ort fest. Kaum einer weiß, daß wir hier sind. Ich bin davon überzeugt, daß Gott das getan hat, weil es sein Schiff ist und er die Ehre bekommen möchte. Wir sind im Glanz öffentlicher Aufmerksamkeit aufgebrochen und könnten nun leicht denken: ›Schaut her, was wir alles fertiggebracht haben‹, obwohl doch eigentlich Gott gehandelt hat.«

George ging weiter auf die derzeitige Lage ein: »Gott kann uns nicht segnen, wenn unsere innere Einstellung ihm gegenüber nicht richtig ist. Es hat unter uns an Bord viel Zank und Neid gegeben, wir haben viel geklagt und es an der Liebe untereinander fehlen lassen. Wir müssen Buße tun und diese Dinge vor Gott bekennen. Nur dann können wir von ihm erwarten, daß er unser Gebet um Geld erhört.«

Einige der Anwesenden fühlten sich stark betroffen. Sie waren sich dessen sehr bewußt, daß sie sich gegenseitig verletzt hatten. Von ihrer Schuld überführt gingen sie aufeinander und auf Gott zu und baten um Vergebung. Dann wandten sie sich Gott in demütigem Vertrauen zu und baten ihn um das nötige Geld. Sie waren sich völlig darüber im klaren, daß außer den Geschwistern in den OM-Büros zu Hause niemand wußte, daß sie immer noch vor Anker lagen; die christliche Öffentlichkeit nahm an, daß sie bereits auf dem Weg nach Nigeria seien. Niemand wußte von ihrer großen Not. Nur Gott konnte ihnen helfen.

Jeden Tag stieg George die Gangway hinab und kletterte in eine kleine Barkasse, die ihn an Land brachte.

Von dort telefonierte er mit den Büros zu Hause, um anzufragen, ob Geld eingegangen sei. Jeden Tag kam er mit enttäuschenden Nachrichten zurück. Die Schiffsfamilie wartete und betete weiter. Ebbo Buurma erinnert sich noch, wie er damals dachte: »Du meine Güte, wir haben kaum angefangen, und schon ist das Geld zu Ende. Wie soll das bloß weitergehen?«

Es wurde nicht die ganze Zeit gebetet. Die Arbeit auf dem Schiff mußte weitergehen. Das Schiff mußte in Betrieb gehalten werden. Mahlzeiten mußten serviert werden. Das Leben mußte weitergehen.

Viele der jungen Leute hatten jedoch nicht genug Arbeit, um immer beschäftigt zu sein, während das Schiff vor Anker lag. Eines Tages kletterte Kapitän Kristiansen in eine Barkasse und besuchte einen Laden für Schiffszubehörteile. Es war ein heißer Nachmittag. Man langweilte sich, und das Wasser schien so kühl und einladend zu sein. Jemand kam auf die Idee, schwimmen zu gehen. Das war das Signal: Einer der Männer war ein sehr guter Taucher. Er ging auf die Brücke, machte einen Handstand auf der Reling, stieß sich ab und tauchte mit einem schönen, anmutigen Sprung ins Wasser. Alle klatschten. Jemand machte es ihm nach. Kurz darauf sprangen die jungen Leute von allen Seiten des Schiffes ins Wasser und amüsierten sich königlich.

Dieser vergnügliche Anblick bot sich Kapitän Kristiansen, als er etwas später zurückkehrte. Er war – gelinde ausgedrückt – verärgert, rief die ganze Besatzung zusammen und hielt eine kräftige Standpauke.

»Wißt ihr nicht, daß es hier Haie im Wasser gibt?« fragte er. »Kaum lasse ich euch für kurze Zeit allein, und schon springt ihr alle vom Schiff. Hüpfen denn vielleicht von den anderen Schiffen die Leute von Bord? Was meint ihr, wie ich mich fühle, wenn euch die Haie auf-

fressen und ich dann euren Eltern schreiben muß?«
Damit war das Schwimmen beendet.

Acht Tage später kam George an einem Freitag nachmittag völlig verändert von seinem täglichen Ausflug
zurück. Er stand aufrecht in seiner schwankenden Barkasse und versuchte, das Gleichgewicht zu halten. Aufgeregt fuchtelte er mit den Armen und schrie, so laut er
konnte: »Dankt dem Herrn! Das Geld ist da! Genug, um
alle Rechnungen zu bezahlen!« Ein amerikanisches Ehepaar hatte, ohne zu wissen, daß das Schiff auf Geld wartete, einen Scheck geschickt, der hoch genug war, alle
Rechnungen zu begleichen.

Die Logos-Besatzung war tief bewegt von einem solch
gewaltigen Beweis der Macht Gottes und dankte ihm von
ganzem Herzen. Am gleichen Tag um Mitternacht trat
das Schiff die Reise nach Lagos in Nigeria an. Und als ob
Gott seinen Segen noch mehr unter Beweis stellen
wollte, wurde an jenem Abend endlich die Genehmigung
erteilt, den ins Spanische synchronisierten Billy-Gra-
ham-Film »Die Rastlosen« zu zeigen. Es war das erste
Mal, daß in Las Palmas ein evangelistischer Film einer
breiten Öffentlichkeit gezeigt wurde. Der Vorführraum
im Stadtzentrum war bis auf den letzten Platz besetzt.

Die zehntägige Reise nach Lagos verlief ruhig. Für
viele von denen, die nicht zur Mannschaft gehörten, war
es eine Zeit der Entspannung, eine Gelegenheit, längst
fällige Briefe zu schreiben oder Zeit mit anderen an Bord
zu verbringen, um sich besser kennenzulernen. Für die
Mannschaft ging die Arbeit natürlich wie gewöhnlich
weiter. Eine Aufgabe bestand darin, eine Unterbrin-
gungsmöglichkeit für den Büchermarkt zu schaffen. In
Rotterdam war entschieden worden, daß die Ausstellung
unter einem Zelt auf dem Vorderdeck eingerichtet werden sollte. Ein Zeltmacher aus Holland war an Bord
gekommen, hatte die Räume vermessen und war nach

Hause zurückgekehrt, um ein entsprechend großes Zelt herzustellen. Nachdem er es fertiggestellt hatte, war es auf das Schiff gebracht worden. Nun hatten Ebbo Buurma und Albert van der Kuijl die Aufgabe, eine Konstruktion zu bauen, auf der das Zelt befestigt werden konnte. Die Aufgabe war nicht so einfach, wie es sich vielleicht anhört. Zu Anfang wurden zwei riesige Träger auf dem Vorderdeck installiert. Das aus zwei Teilen bestehende Zelt mußte diese Träger umspannen. Eine weitere Schwierigkeit bestand darin, daß die beiden Männer das Zelt noch nicht einmal anschauen konnten, weil es unter den Büchern im Lagerraum begraben lag. Es gab keine Zeichnungen, die ihnen eine Vorstellung von dem zu folgenden Plan gegeben hätten.

Fest entschlossen, sich durch derartige Hindernisse nicht entmutigen zu lassen, entwarfen sie ihren eigenen Plan. Drähte wurden von der Brücke bis zum Mast gespannt. Weitere Drähte wurden längs am Schiff entlanggeführt und von Pfosten gestützt, die die zwei Männer aufstellten. Weiter kamen sie nicht, das Zelt konnte erst während eines Hafenaufenthaltes aufgebaut werden.

Die Mahlzeiten waren eine der wenigen Gelegenheiten, zu denen fast die ganze Besatzung an einem Ort versammelt war, so daß in der Regel zu dieser Zeit die Bekanntmachungen gegeben wurden. Eines Tages erwähnte Kapitän Kristiansen, daß in den frühen Morgenstunden ein Postboot vorbeifahren würde. Falls jemand Briefe aufzugeben hätte, sollten diese bis zu einer bestimmten Uhrzeit an der und der Stelle hinterlegt werden. Einige machten sich sofort auf, die Gelegenheit zu nutzen. Erst als sie die Briefe geschrieben hatten, fiel ihnen auf, daß sie ja gar nicht wußten, mit welchen Briefmarken die Briefe frankiert werden mußten und daß sie einmal mehr dem besonderen Humor des Kapitäns auf den Leim gegangen waren.

Mike Wiltshire war der Line-Up-Mann für Lagos. Bereits als das Schiff Vigo verließ, war er nach Nigeria vorausgeflogen. Er hatte zwei Wochen Zeit, die Ankunft des Schiffes vorzubereiten. Durch seine Erfahrungen in London und Vigo hatte er viel darüber gelernt, wie man mit Hafenverwaltungen umgeht. Doch bei der Erstellung des Programms hatte er nun mit einigen Schwierigkeiten zu kämpfen, so daß ihm ein Christ, der ein Import-Export-Geschäft betrieb, riet: »Mike, du brauchst ein Komitee. Laß uns ein Komitee bilden.«

Mike kannte natürlich die landläufige Meinung, daß Komitees viel reden und wenig tun, aber er ließ es auf einen Versuch ankommen. Die nigerianischen Christen nahmen die Idee begeistert auf. Und sie taten weitaus mehr, als nur zu reden: Sie handelten und waren wirklich eine große Hilfe. Sie waren sogar so hilfreich, daß zur Vorbereitung von da an regelmäßig örtliche Komitees gebildet wurden. Viele Pastoren, die jahrelang in der gleichen Stadt gewohnt hatten, arbeiteten durch diese Komitees zum ersten Mal in ihrem Leben zusammen.

In Lagos kam zudem eine neue organisatorische Aufgabe auf Mike zu. Eine der Frauen auf dem Schiff erwartete ein Kind. Mike mußte sich bei Krankenhäusern erkundigen und sie für den Geburtstermin anmelden. Niemand konnte zu dem Zeitpunkt vorhersehen, daß das vergebliche Mühe sein sollte.

Die werdende Mutter, Loes de Keijzer, hatte das Kind ursprünglich auf dem Schiff zur Welt bringen wollen. Die Hebamme, Ann Rossiter, überzeugte sie jedoch, daß es beim ersten Kind sicherer wäre, in einem Krankenhaus an Land zu entbinden, da im Falle von Komplikationen die notwendigen technischen Geräte zur Verfügung stünden. Die Reise nach Lagos war jedoch lang, und Ann beschloß, im Schiffskrankenhaus alles vorzubereiten, falls das Kind früher zur Welt kommen sollte. Bis zur

Ankunft in Lagos geschah nichts, aber als die Wehen einsetzten, ging alles so schnell, daß keine Zeit blieb, Loes aus ihrer Kabine ins Krankenhaus an Land zu bringen. Der Schiffsarzt eilte Ann noch zur Hilfe, und binnen kurzem brachte Loes ein gesundes kleines Mädchen zur Welt. Es bekam den Namen Ruth.

Die Einrichtung des Büchermarktes nahm die ersten drei Tage des zweiwöchigen Aufenthalts in Nigeria in Anspruch. Diese Aufgabe war so umfangreich, daß jeder mithalf, der nicht unbedingt anderweitig benötigt wurde. Das Vorderdeck, auf dem die Ausstellung stattfinden sollte, sah fast so aus wie die Strecke eines Hindernisrennens. Es befanden sich nicht nur zwei riesige Träger auf Deck, auch zwei große Öffnungen, die zu den Laderäumen führten, waren im Weg. Diese rechteckigen Öffnungen (»Luken«) waren von etwa halbmeterhohen Metallwandungen umgeben. Sie wurden von so schweren Planken abgedeckt, daß zwei Männer nötig waren, sie hochzuheben. Oben auf jeder dieser Luken wurden während der Reise je drei VW-Busse abgestellt.

Damit der Büchermarkt eingerichtet werden konnte, mußten zuerst die Fahrzeuge von den Luken weggeschafft werden. Normalerweise hätte man sie einfach an Land gehievt. Aber das war in Nigeria nicht möglich, deshalb wurden sie auf Deck beiseite gestellt. Die Planken wurden von den Luken abgehoben. Einige Männer kletterten eine Leiter hinunter in die Laderäume, um die Bücher zu holen. Was sahen sie aber? Ein furchtbares Durcheinander!

In Rotterdam konnte die Besatzung alles ordentlich einräumen, aber in England, wo die Bücher und viele andere Vorräte an Bord genommen wurden, waren sie auf ein Problem gestoßen. Die Beladung hatte nicht in London, sondern etwas außerhalb auf dem Medway-Fluß stattgefunden. Da die Logos nicht am Kai anlegen konnte, mußte die Beladung von Lastkähnen aus geschehen. Außerdem gestatteten die Gewerkschaften nicht, daß die Logos-Mannschaft die Verladung selbst durchführte. Gleichgültige, uninteressierte Stauer der Gewerkschaft mußten es tun. Sie hievten die Bücherkisten alle in einem riesige Netz hoch, schwenkten die Ladung über die Laderaumluke, öffneten das Netz an einer Seite, und pardauz! purzelten die Kisten einfach übereinander.

Aus diesem Durcheinander lädierter Kisten zogen die Logos-Männer diejenigen heraus, die ihnen gerade ins Auge fielen. Sie schichteten die Bücher auf eine Holzpalette, die von einem Kran an Deck geschwenkt wurde. Oben durchsuchten dann einige Leute die Kisten und nahmen aus jeder Kiste ein paar Bücher heraus, bis sie aufs Geratewohl eine gute Auswahl zusammengestellt hatten. Der Rest der Bücher wurde wieder in Kisten gepackt und in den Laderäumen verstaut, die Luken wurden geschlossen, die Fahrzeuge wurden wieder an ihre Plätze oben auf den Luken gestellt. Metallregale, die so lang waren wie das Deck, wurden angebracht und das Zelt aufgehängt. Für Ebbo und Albert war es ein Wunder, daß das Zelt genau um das Kunstwerk paßte, das sie aufgebaut hatten! Endlich wurden die Bücher auf die Regale gestellt und kunstvoll um die Räder der sechs Fahrzeuge arrangiert. Der erste Logos-Büchermarkt war fertig. Alle strahlten vor Stolz.

Das System hatte natürlich einen Haken: Wie sollte der Bestand der Ausstellung aufgefüllt werden, wenn die Bücher zur Neige gingen? »Warum sich jetzt schon über dieses Problem Gedanken machen?« dachten die Mitarbeiter auf der Logos. »Erst einmal sehen, ob das überhaupt notwendig wird!«

Sie entdeckten bald, daß das oft vorkam. Man mußte sich etwas ausdenken: Eine der Lukenabdeckungen wurde teilweise offen gelassen, so daß einige Planken entfernt werden konnten. Dies geschah nachts, wenn der Büchermarkt für die Öffentlichkeit geschlossen war. Einer kletterte die steile Leiter in den Laderaum hinunter und fing an, in völliger Dunkelheit, nur mit einer großen Taschenlampe bewaffnet, nach Büchern zu suchen. Mitarbeiter bildeten eine Kette die Leiter hinauf. Wenn dann der Mann mit der Taschenlampe einige Bücher ausfindig gemacht hatte, gab er sie demjenigen, der unten an der Leiter stand, der gab sie dem Nächsten usw. Das war eine langwierige und mühselige Prozedur, die durch die völlig planlose Lagerung der Bücher noch erschwert wurde.

Die Verantwortlichen der Logos hatten über das Auffüllen der Bücherregale nicht wirklich nachgedacht, weil sie nicht mit einer größeren Nachfrage gerechnet hatten. Das Schiff war ja nur zwei Wochen in Lagos, und wie oft muß denn schon ein normaler Buchladen seinen Büchervorrat auffüllen?

Zum Erstaunen aller Besatzungsmitglieder kamen jeden Tag Hunderte von Menschen, um das Schiff zu besuchen. Sie waren neugierig. Es war etwas Neues, auf ein Schiff gehen zu können, und das lockte sie. Als sie durch den Büchermarkt gingen, weckten verschiedene Bücher ihr Interesse. Sie kauften Kochbücher, große bunte Kinderbücher, Lexika, Bibeln und das beliebteste Buch von allen: »Wie führe ich eine glückliche Ehe?«. Zum ersten Mal wurden sich die Logos-Mitarbeiter bewußt, daß das Schiff selbst eine Attraktion sein könnte und daß viele Menschen, die eine Einladung zu einer Veranstaltung an Land mit einem Schulterzucken abtun würden, mit Begeisterung zu der gleichen Veranstaltung auf ein Schiff kamen.

Die Ausstellung bestand zum gößten Teil aus Sach- und Lehrbüchern und einigen christlichen Büchern. Als jedoch eine Konferenz für christliche Führungskräfte an Bord stattfand, wurde eine Auswahl christlicher Bücher vorgestellt. Eine größere Anzahl christlicher Literatur war der Logos von verschiedenen Verlegern geschenkt worden. Sie konnten deshalb viel billiger als sonst verkauft werden. Einige nigerianische Christen verließen das Schiff mit ganzen Kisten voller Bücher.

Sonntags wurde das Schiff geschlossen, und die Besatzung nahm an Gottesdiensten an Land teil. Nur eine Handvoll Männer blieb an Bord und hielt Wache. Die anderen gingen gruppenweise in verschiedene Gemeinden, um zu singen, zu erzählen, wie Gott in ihrem Leben gewirkt hatte, oder um das Wort Gottes zu verkünden. Am ersten Sonntag in Nigeria waren siebzehn solcher Veranstaltungen geplant. Nach den Gottesdiensten wurde die Besatzung von den sehr warmherzigen und gastfreundlichen Nigerianern eingeladen und hatte Gelegenheit, die einheimische Küche zu genießen und nigerianische Familien kennenzulernen.

Während der zwei Wochen in Lagos wurde dann ausgearbeitet, was später zum Standardprogramm werden sollte. Evangelistische Teams verteilten Traktate, gingen mit christlichen Büchern von Haus zu Haus und hielten Freiversammlungen ab. Weitere Veranstaltungen fanden in Kirchen, Schulen oder anderen Orten statt, wo immer sich Gelegenheit bot. Auch wurden Seminare für christliche Führungskräfte und Schiffsführungen veranstaltet.

Die Ärzte, die bis zu den Kanarischen Inseln und Lagos an Bord waren, waren nur für einen Kurzeinsatz dabei, weil der ständige Arzt nicht rechtzeitig für die erste Reise kommen konnte. In Lagos kam der neue Arzt, Dr. Norman MacPherson aus Schottland an Bord. Er war früher Missionsarzt in Indien gewesen und befand sich jetzt im Ruhestand. Der Erste Steward, der für die

Belegung der Kabinen zuständig war, wies ihm die Kabine zu, die Peter Conlan bewohnt hatte. Peter sollte mit jemand anderem eine Kabine teilen. Das einzige Problem war: Peter war zur Erledigung geschäftlicher Dinge an Land gegangen und würde wohl noch einige Stunden ausbleiben. Nach einiger Überlegung entschied der Erste Steward, daß der Arzt sofort einziehen solle. Peters persönliche Habe wurde aus seinen Schränken genommen, in Kisten verpackt und in seine neue Unterkunft gestellt. Als er drei Stunden später zurückkehrte, ging er zu seiner alten Kabine, öffnete die Tür und war schockiert, daß ein fremder Mann in seinem Bett lag. Nichts ließ mehr erkennen, daß er die Kabine bewohnt hatte. Peters Reaktion hätte man kaum als »geistlich« bezeichnen können. Er hat seitdem oft die alten Verse zitiert:

> Wenn wir einst dort droben leben
> Mit den Heil'gen, die wir lieben
> Oh, wie herrlich wird es sein!
>
> Doch da wir leben insgemein
> Mit Heil'gen auf der Erde hier
> Möchten wir verzweifeln schier!

Durch solche Situationen wurde der Besatzung immer wieder bewußt, wie sehr sie Gott brauchte. Ohne seine Gegenwart und sein Wirken in ihrem Leben wäre das Schiff leicht zu einer schwimmenden Brutstätte von Spannungen und internen Machtkämpfen geworden, und jegliche Hoffnung, Gott dienen zu können, wäre verloren gewesen. Jeder an Bord mußte lernen, auf Gott und auf Menschen zuzugehen und um Vergebung zu bitten: für rücksichtsloses, gleichgültiges Verhalten, für Zorn, Vorurteile und all die anderen Dinge, die das Zusammenleben miteinander vergiften.

Die Reise nach Südafrika war außergewöhnlich schön. Die Besatzung war entspannt und fröhlich und freute sich auf neue Erlebnisse. Als das Schiff in Kapstadt eintraf, stellte die Schiffsleitung von vornherein klar: An Bord konnte es keine Rassentrennung geben. Von den Behörden wurde das akzeptiert. Wie dem auch war, die Mitarbeiter der Logos bemerkten bald mit großem Interesse, daß am Tage Farbige und Schwarze den Büchermarkt besuchten, aber kaum Weiße. Am Abend kamen dann die Weißen, und zwar ausschließlich. Es war jedoch nicht viel los. Manchmal stöberten nicht mehr als zwanzig Besucher in dem Büchermarkt.

Das ging so mehrere Tage. Dann kam der erste Sonntag. Philip Morris, der zu der Zeit der Leiter des Büchermarktes war, kam gerade mit einem Team von einem Gottesdienst an Land zurück. Als sie in die Hafengegend kamen, sahen sie eine lange Schlange von mehreren hundert Menschen. »Wer sind alle diese Leute?« fragten sie sich. »Was gibt es zu sehen? Wohin wollen sie?« Erst langsam dämmerte es ihnen: Diese Menschen standen Schlange, weil sie die Logos besuchen wollten! Es war unglaublich! Was war geschehen? Gottesdienstbesucher wollten auf ihrem Weg nach Hause noch das Schiff sehen. An jenem Tag registrierte der Buchladen einen Umsatz von über DM 2 400. Am Ende des Aufenthaltes in Kapstadt gab George Verwer nicht ohne Stolz der Besatzung bekannt, daß es zum ersten Mal möglich sei, alle Rechnungen durch den Erlös der Buchverkäufe zu bezahlen.

Der nächste – sehr kurze – Aufenthalt war Mombasa in Kenia. Die zwei Line-Up-Männer, die vorausgeeilt waren, stießen dort auf ein Problem: Es war kein Kai für das Schiff frei. Als die Ankunft näher rückte, fingen sie an, unruhig zu werden. Wieder einmal wurde ihnen bewußt, wie sehr sie auf Gott angewiesen waren. Er wußte sicherlich eine Lösung. Als sie noch beteten und nach einer Lösung suchten, stellte eine große Zementfabrik einen Kai zur Verfügung, der normalerweise nur für die Firma genutzt wurde. Der Kai befand sich an einem idealen Ort, nicht weit vom Stadtzentrum entfernt.

Obwohl der Aufenthalt in Mombasa nur kurz war, wurde eine Konferenz für christliche Führungskräfte durchgeführt. Es kamen 100 Teilnehmer, einige kamen aus einer Entfernung von bis zu über 650 Kilometern angereist. Die Hälfte von ihnen wohnte auf dem Schiff. Die unverheirateten Männer und Frauen stellten gerne ihre Kabinen zur Verfügung und schliefen im Aufenthaltsraum oder draußen an Deck, um ihren afrikanischen Brüdern und Schwestern eine bequeme Unterkunft anzubieten.

Zum ersten Mal wurde die Videodirektübertragung, die in Rotterdam installiert worden war, genutzt. Da der Speisesaal der größte Raum auf dem Schiff war, wurde die Konferenz dort abgehalten. Die Vorträge wurden in Englisch gehalten. Wer sie lieber auf Suaheli hören wollte, nahm in einem kleineren Raum nebenan Platz. Dort konnten sie den Redner auf dem Bildschirm sehen und die Simultanübersetzung in Suaheli hören.

Die ganze Besatzung, Mannschaft wie Mitarbeiter, konnte die Ankunft in Indien kaum erwarten. Das war das Endziel! Darum drehte sich der ganze Einsatz: Literatur, Fahrzeuge, Vorräte und Mitarbeiter nach Indien zu bringen, damit die Teams dort arbeiten konnten! Auf der letzten Etappe der Reise gab es sogar Meinungsverschiedenheiten über die Geschwindigkeit des Schiffes. George konnte nicht mehr länger warten, er wollte, daß das Schiff volle Kraft voraus fuhr. Im Morgengrauen des 12. Mai konnte man gerade verschwommen die indische Küste bei Kotschin erkennen. Nun konnte George sich nicht länger zurückhalten, er rief die Besatzung im Bug des Schiffes zusammen, um gemeinsam zu beten, zu singen und dem Herrn zu danken.

Als das Schiff in den schmalen Kanal einfuhr, der nach Kotschin führte, drängten sich indische OMer in ein gemietetes Boot und fuhren der Logos entgegen. Viele von ihnen kannten Leute auf dem Schiff. Sie standen aufrecht in dem Boot, winkten mit ihren Bibeln und riefen Bibelverse so laut sie konnten. Mit den Bibelversen ertönten immer wieder Jubelrufe der Freude und des Dankes an Gott. Gottes Schiff hatte Kotschin erreicht!

Der Ort sah wie eine kleine Fischerstadt aus. Kaum hatte die Logos angelegt, da rannte George schon die Gangway hinunter, flog geradezu über die hölzerne Anlegestelle und küßte den Boden Indiens. Fast vier Jahre lang hatte er in Indien gearbeitet. Er liebte dieses Land. Dann kam er durch Schwierigkeiten mit den Einwanderungsbehörden auf die schwarze Liste. Als Mitglied der Logos-Besatzung konnte er wieder in das Land einreisen, das ihm sonst verschlossen gewesen wäre. Sieben Jahre später beschrieb er seine Gefühle von damals vor neuen OMern:

»Ich kann euch gar nicht sagen, was das für ein Gefühl war! Ich war jemand, der keine Erlaubnis hatte, nach Indien einzureisen. Ich konnte kein Visum mehr bekommen und hatte Indien einige Jahre nicht gesehen. Und doch fuhr ich auf der Logos nach Kotschin hinein! Ich weinte vor Freude, wieder in Indien sein zu können, ich hatte seit 1968 für diesen Augenblick gebetet.«

Andere haben ihre Freude und ihren Jubel vielleicht nicht ganz so überschwenglich zum Ausdruck gebracht, aber auch sie waren tief bewegt. Ebbo Buurma meinte: »Wir fühlten uns so, wie Columbus sich gefühlt haben muß, als er zum ersten Mal Amerika betrat. In Kotschin zu sein, war für uns das Schönste auf der Welt.«

Ein Wunderschiff?

Kotschin schien auf den ersten Blick ein kleines Fischerdorf zu sein. Der Eindruck täuschte jedoch. Der Hafen, dessen Ufer von Fischernetzen übersät war, war doch eine ganz schöne Strecke von Kotschins Innenstadt und ihrer größeren Nachbarstadt Ernakulam entfernt. Ein Streik der Busfahrer legte zudem noch den gesamten öffentlichen Verkehr zum Hafen lahm. Trotz dieser Schwierigkeiten strömten die Menschen scharenweise aufs Schiff und legten zum Teil kilometerweite Fußmärsche zurück. Die Mitarbeiter hatten alle Hände voll zu tun: Sie führten die Besucher durchs Schiff, verkauften Bücher, hielten Versammlungen ab, zeigten Filme und verteilten Traktate.

In Kotschin kam ein neuer Erster Ingenieur mit seiner Familie an Bord. Er war ein hochqualifizierter Mann, der dringend benötigt wurde; dennoch sah die Besatzung seiner Ankunft mit leichtem Unbehagen entgegen. Das fehlte ihnen gerade noch, ein großmäuliger Amerikaner – und noch dazu ein Texaner! – der sich rücksichtslos breit machen würde.

Mike Poynors Ankunft machte alle Vorurteile zunichte. Er war groß und kräftig gebaut und entpuppte sich als ruhige, ausgeglichene Persönlichkeit, bescheiden und dennoch ein brillanter Kopf. Ein Mannschaftsmitglied äußerte später einmal über ihn: »Mike hatte die seltene Fähigkeit, durch seine reife Persönlichkeit anderen Respekt abzuverlangen.« Er sollte in den kommenden Jahren ein sehr wertvoller Mitarbeiter des Schiffes werden.

Mikes Frau, Carol Ann, beschreibt ihre Reise zum Schiff mit ihren zwei kleinen Töchtern:

»Wir flogen nach Bombay und legten den Rest des Weges mit dem Zug zurück. Als der Zug in Bombay einfuhr, waren die Abteile so gerammelt voll, daß wir unsere Kinder durchs Fenster reichen mußten; Mike kletterte hinterher; dann packte er mich und zog mich durchs Fenster, und George Miley schob die Koffer durchs Fenster. Wir haben zwei Tage und zwei Nächte im Zug verbracht, dritter Klasse, ohne reservierte Plätze. Sobald man den Fuß bewegte, stieß man an jemanden, sobald man den Ellbogen bewegte, ebenso. Aber die Inder waren großartig! Sie gaben uns zu essen – die Kinder wurden krank, wir wurden krank –, aber die Menschen waren so liebenswürdig und freundlich! Es war einfach ein unglaublicher Empfang. Seitdem empfand ich immer eine tiefe Liebe für Indien.

Als wir in Kotschin ankamen, ging mein Mann sofort in den Maschinenraum; auf dem Weg dorthin hat er sich wahrscheinlich umgezogen. Ich packte aus und versuchte, unsere Kabine ein wenig einzurichten.

Zwei Tage später lief das Schiff aus Kotschin aus. An die nächsten drei Wochen kann ich mich überhaupt nicht erinnern. Jemand kümmerte sich um meine Kinder; ich war aus den Latschen gekippt, war seekrank. Erst nach acht Jahren auf See war ich schließlich in der Lage, etwas auf dem Schiff zu tun. Ich lernte, wie man einen Korridor auf See putzt und ähnliches, obwohl mir noch oft dabei schlecht wurde.

Außerdem fürchtete ich mich davor, mit so vielen gläubigen Frauen auf so engem Raum zusammenleben zu müssen. Als wir aufs Schiff kamen, gab es nur eine einzige Waschmaschine für das ganze Schiff. Wenn man Kinder hatte, durfte man zweimal wöchentlich waschen, ohne Kinder einmal wöchentlich. Trotzdem gab es nie Streit. Das war für mich eine beeindruckende Erfahrung, ein Beweis dafür, daß Gott auf dem Schiff gegenwärtig war.«

An dem Tag, bevor die Logos Kotschin verlassen sollte, arbeitete jemand von der Mannschaft an einem Kühlsystem auf dem Vorderdeck. Als ein leitender Mitarbeiter aus einer einheimischen Gemeinde vorbeikam und fragte, ob am Abend jemand in einer Versammlung an Land sprechen könne und ob er dazu bereit sei, nahm er die Einladung mit Begeisterung an. Schließlich war das ja der Grund seines Hierseins, Menschen zu dienen. Er ließ seine Geräte und Werkzeuge stehen und liegen, zog sich schnell um und bereitete sich in Eile auf die Veranstaltung vor.

Am nächsten Morgen teilte ihm sein Vorgesetzter in aller Deutlichkeit mit, was er von einem derartigen Verhalten hielte. Wie konnte er es wagen, seine Arbeit einfach liegen zu lassen und sich ohne Meldung an seinen Chef auf- und davonzumachen? Und was in ihn gefahren sei, die Werkzeuge auf dem Deck herumliegen zu lassen? Dieser Tadel saß, und der unglückliche Mann verteidigte sich heftig und übertraf dabei seinen Vorgesetzten noch an Lautstärke und Erregung. Die beiden gingen wütend auseinander.

Als das Schiff später am Tag vom Kai ablegte, versagte plötzlich die Ruderanlage. Sofort wurde der Anker fallengelassen. Die Maschine sprang trotz aller verzweifelten Startversuche nicht auf Rückwärts an. Das Schiff wurde durch die starke Strömung mit aller Kraft herumgerissen und wäre fast auf Grund gelaufen.

Der Mann, der von seinem Vorgesetzten so streng getadelt worden war, war durch den Vorfall tief erschrocken. Er wurde daran erinnert, wie sehr das Schiff von Gottes Gnade abhängig war. Von der Einsicht überwältigt, daß er falsch reagiert hatte, bekannte er

Gott sein Versagen. Dann ging er demütig zu seinem Vorgesetzten und bat ihn um Verzeihung.

Wer weiß, welche Auswirkungen das Verhalten dieses Mannes auch auf den Rest der Besatzung gehabt haben mag – die technischen Schwierigkeiten konnten jedenfalls behoben werden, das Schiff konnte weiterfahren, und alle wichtigen Maschinen funktionierten wieder.

Nach einem Abstecher in die kleine Stadt Tuticorin fuhr die Logos nach Madras, völlig unvorbereitet auf das, was sie dort erwartete. Einer der Männer, der für die Öffentlichkeitsarbeit zuständig war, hatte darüber nachgedacht, wie Gott das Schiffsprojekt ermöglicht hatte. Daraufhin hatte er eine kleine Werbebroschüre mit dem Titel »Das Wunderschiff« erstellt. Die Medien griffen den Titel auf, das erregte die Aufmerksamkeit der Inder. Tausende strömten auf das Schiff in der Erwartung, gewaltige Heilungen und andere Wunder zu erleben. Menschen standen in langen Schlangen stundenlang in der heißen Sonne und warteten geduldig, bis sie an der Reihe waren, an Bord zu gehen. Um so viele Besucher unterzubringen, mußten sie natürlich so schnell wie möglich durch das Schiff geschleust werden: Einige der Logos-Frauen, die untätig an der Reling standen, bemerkten eine Frau, die ein auffälliges rotes Kleid trug. Sie beschlossen, die Dauer ihres Aufenthalts zu messen. Genau sechs Minuten, nachdem sie das Schiff betreten hatte, war sie schon wieder auf der Gangway, die an Land führte. Ebbo Buurma beschrieb die Situation folgendermaßen:

»Es war ein Wunder, daß wir überhaupt überlebten! Ich kann mich erinnern, daß wir an einem Tag 15 000 Besucher zählten! Ich bin sicher, daß einige von ihnen nie das Deck berührt haben, weil sie zwischen Vorder- und Hintermann festhingen. Sie wurden einfach durch das Schiff gedrängt und konnten so gut wie nichts sehen.

Die Buchaustellung verwandelte sich in eine Katastrophe. Einmal brachen die Bücherregale zusammen, weil die Leute so zusammengepfercht wurden.

Wir haben es dann doch überlebt, und jeder, der das Schiff verließ, erhielt zumindest ein Traktat. Der Verkauf an jenem Tag mit 15 000 Besuchern belief sich auf insgesamt 900 Rupien, das entspricht etwa 150 – 200 DM. Trotz dieser bescheidenen Einnahme wurde uns zum ersten Mal bewußt, daß das Schiff selbst eine enorme Anziehungskraft hatte. Aber wir erkannten auch, wie gefährlich es war, wenn so viele Menschen auf einmal kamen. Dieser Tag war dennoch eine aufregende Sache gewesen, wir mußten nur noch lernen, die Lage ein bißchen besser in den Griff zu bekommen.«

Es war notwendig, die Menschenmassen besser zu lenken, nicht nur, um die Besuche gewinnbringender zu gestalten, sondern auch, um sie sicherer zu machen. In Madras bewegte sich das Schiff im Wasser ständig auf und ab, und die Gangway stand auf Rollen. Jedes Mal, wenn sich das Schiff nun bewegte, rollte die Gangway ein wenig vor und zurück. Wenn die Massen nach vorne drängten, um auf das Schiff zu strömen, konnte sich leicht jemand mit dem Fuß unter der rollenden Gangway verfangen. Der Einsatz aller Vernunft und Körperkraft war vonnöten, die Menschen dazu zu bringen, ordnungsgemäß die Gangway zu benutzten. Ein Logos-Mitarbeiter faßte eine Dame am Arm, um ihr an Bord zu helfen. Ihr moslemischer Ehemann, der die Geste mißverstand, stürzte auf ihn zu und wollte ihm den Hals umdrehen. Sicher stellte der Mitarbeiter dann beim Erklimmen der Gangway einen Geschwindigkeitsrekord auf. Er hastete in eine der Toiletten und schloß sich ein. George Verwer kam zur Hilfe und versuchte dem Mann zu erklären, daß der Mitarbeiter nur hatte helfen wollen. Nachdem dem in seiner Ehre gekränkten Ehemann dann eine persönliche

Führung durch den Maschinenraum geboten worden war, beruhigte er sich, und die Gefahr war gebannt.

Nach diesen Vorkommnissen stellte die Besatzung sich die Frage, ob das Werbematerial neu zu überarbeiten sei. So ließ man den Ausdruck »Wunderschiff« weg. Auch wurde eine wirksame Maßnahme gefunden, die Neugierigen von den ernsthaften Besuchern zu trennen: Eine geringe Eintrittsgebühr in Höhe von 25 Paise (etwa vier Pfennige) wurde eingeführt. Diese Gebühr konnte beim Bücherkauf angerechnet werden. Trotz dieser Beschränkung besuchten etwa 100 000 Menschen das Schiff während des sechswöchigen Aufenthalts in Madras. Jeder bekam zumindest ein Traktat mit der Botschaft von Jesus Christus und seiner Liebe zu den Menschen. Am meisten wurde auf dem Büchermarkt das »Evangeliumspäckchen« verkauft, das aus zwei Evangelien, zwei kleineren christlichen Büchern und einem Brief des Kapitäns mit Informationen über das Schiff bestand. Tausende dieser Päckchen wurden verkauft.

Der bedeutendste Dienst des Schiffes für die örtlichen Gemeinden war wohl das Programm für freiwillige Helfer. Ungefähr fünfzig junge Inder nahmen daran teil und arbeiteten als freiwillige Helfer überall auf dem Schiff, von der Speisekammer bis zum Maschinenraum und zum Büchermarkt. Sie arbeiteten nicht nur in praktischen Dingen Seite an Seite mit den Frauen und Männern der Logos, sie begleiteten sie auch auf verschiedenen Evangelisationseinsätzen. Für viele dieser jungen Menschen war es das erste Mal, daß sie anderen von Jesus Christus erzählten.

Als sich der Besuch in Madras dem Ende näherte, war die Zeit der jährlichen Monsunregen nähergerückt. Was sollte die Logos in diesen Wochen tun? Einfach irgendwo vor Anker liegen und warten, bis die Stürme vorbei waren, oder an einen ruhigeren Ort fahren? Kapitän Kristiansen, der Indonesien gut kannte und dieses Volk liebte, hielt mit seinem Vorschlag nicht hinter dem Berg. Er war praktisch der einzige, der schon einmal in Indonesien gewesen war; trotzdem beschlossen die Verantwortlichen, daß ein Besuch dort den Versuch wert sei.

Mit auf die Reise nach Indonesien (mit einem Zwischenaufenthalt in Singapur) kamen einige Inder. Ein großer Teil der ursprünglichen Schiffsbesatzung war in Indien an Land gegangen, um dort zu arbeiten. Ihre Plätze wurden nun von Indern oder von westlichen OMern eingenommen, deren Visa für Indien abgelaufen waren. Einige Mitglieder der Mannschaft waren Inder, ebenso eine Gruppe künftiger christlicher Leiter, die zur Schulung aufs Schiff gekommen waren.

Die Besatzung hatte nicht die geringste Vorstellung von dem, was sie in Indonesien erwarten würde und war deshalb über die Offenheit der Menschen dort um so mehr überrascht. Diese Erfahrung machte den OMern wahrscheinlich mehr als alles andere deutlich, daß das Schiff auch außerhalb von Indien viele Möglichkeiten hatte, Menschen zu erreichen. Über 8 000 Menschen nahmen an Großveranstaltungen im überdachten Sportstadion teil, in dem George Verwer predigte, und zwar mit allen Fasern seiner Persönlichkeit. Jeden Abend sahen bis zu 500 Menschen ins Indonesische synchronisierte Filme auf dem Schiff. Nicht nur aus Surabaja, sondern aus ganz Java erhielt das Team Anfragen, ob sie nicht zu Versammlungen kommen könnten – mehr Anfragen, als die Besatzung bewältigen konnte. Die VW-Busse waren vom Schiff an Land gehievt worden und brachten nun jeden Abend Besatzungsmitglieder an verschiedene Orte in der Stadt, wo sie Traktate verteilten, die dankbar angenommen wurden.

Viele Indonesier kamen aufs Schiff und boten ihre Dienste als freiwillige Helfer an. Allein die Deckabteilung bekam Verstärkung durch zehn Indonesier, die ihnen bei der eintönigen, aber doch notwendigen Arbeit des Rostkratzens halfen. Viele dieser freiwilligen Helfer wurden durch den engen Kontakt mit dem Schiffspersonal und dem Unterricht, den sie auf dem Schiff erhielten, stark herausgefordert. Mehreren wurde klar, daß sie noch gar keine Christen waren und entschlossen sich, ihr Leben Jesus Christus ganz anzuvertrauen.

Überall, wo die Logos-Mitarbeiter hingingen, trafen sie auf Menschen, die auf die Gute Nachricht vom neuen Leben in Christus positiv reagierten.

Bei so vielen offenen Türen fiel es der Besatzung schwer, Indonesien zu verlassen. Aber es war Zeit, nach Singapur zurückzukehren, denn die Logos mußte ins Trockendock. Das Schiff war zu der Zeit im Unterwasserbereich des Rumpfes so stark bewachsen, daß das seine Geschwindigkeit erheblich verringerte. Im Trockendock wurde alles Gewächs entfernt, außerdem wurden verschiedene Reparaturen durchgeführt und die Maschinen überholt.

Viele Besatzungsmitglieder hatten Europa verlassen, um ein Jahr auf dem Schiff zu arbeiten. Nun mußten sie nach Hause zurückkehren und durch neue OMer ersetzt werden. Der ursprüngliche Gedanke, daß das Schiff zwischen England und Indien hin- und herpendeln könnte, mußte aufgegeben werden, als der Suezkanal 1967 geschlossen wurde. Wenn das Schiff schon nicht nach Europa fahren konnte, ohne den langen Umweg über Afrika zu machen, so sollte es wenigstens so nahe wie möglich Europa anfahren, um den Austausch des Personals zu erleichtern. Der Europa am nächsten liegende Ort war Kuwait im Golf (der von den Arabern der Arabische Golf und von den Iranern der Persische Golf genannt wird. Einmal kam die Logos in eine mißliche

Lage, weil ein Mannschaftsmitglied gegenüber einer bestimmten Person den falschen Namen gebraucht hatte).

Da das Schiff sich sowieso im Golf befand, wurde beschlossen, daß es auch einige andere Länder besuchen sollte, um die Lage dort kennenzulernen. Weil der Golf eine starke Hochburg des Islam ist, ging die Besatzung nicht davon aus, in irgendeiner Form Evangelisation betreiben zu können. Aber vielleicht konnten sie irgendwie die wenigen indischen oder sonstigen Auslandsgemeinden, die unter schwierigen Umständen lebten, ermutigen und motivieren. Es war ja schon ein Zeugnis von Gottes Macht, daß ein christliches Schiff überhaupt in diesen Teil der Welt fahren konnte.

Der erste Anlaufhafen im Golf war Dubai. Die Logos war das einzige Schiff im Hafen. Es gab nur einen Kai, und der war nicht ganz fertiggestellt. Ein Rundgang durch die Stadt dauerte damals nur fünfzehn Minuten. Der Besuch des Schiffes war für die Menschen dort ein großes Ereignis, jeder wollte es sehen. Da dieses Volk sehr gesellig ist, genossen sie es, einfach herumzustehen und zu schwatzen. Beeindruckend und etwas einschüchternd wirkten sie ja schon in ihren langen, wallenden Gewändern und den gefährlich aussehenden Messern an der Taille. Der Besatzung, die an solche Anblicke nicht gewöhnt war, erschienen sie wie aus Tausendundeiner Nacht entflohen. Ihre Mercedes-Benz-Wagen waren jedoch ultramodern. Und sie hatten einen riesigen Hunger nach Büchern. Da sie sich finanziell alles leisten konnten, kauften sie nach Lust und Laune: ganze Enzyklopädien, teure vierfarbige Bildbände, was immer ihnen gerade gefiel.

Philip Morris erzählt eine Geschichte, die schon zur Logos-Legende gehört:

»In Dubai besuchte ein äußerst wohlhabender Mann das Schiff. Er kam in seinem Rolls-Royce angefahren und wollte Bücher kaufen. Gerade hatte er eine neue Frau geheiratet (er hatte bereits zwei), eine libanesische Stewardess. ›Oh, das und das und das möchte ich haben‹, sagte er, während er durch die Ausstellung lief, und zeigte dabei auf alle großen Bücher einschließlich der Encyclopaedia Britannica. Er vergewisserte sich, daß die Enzyklopädie eine andere Farbe hatte als die beiden, die er bereits besaß. ›Ich habe nur eine in Blau und eine in Grün‹, erklärte er, ›und deshalb möchte ich noch eine in Rot.‹

Zu unserer großen Freude hatte er bereits einen ganzen Stapel Bücher aufeinandergeschichtet, als seine Frau dazukam und in einem affektierten englischen Akzent fragte: ›Liebling, ist das denn alles, was du gekauft hast?‹

›O nein‹, erwiderte er hastig, ›ich nehme noch das, das, das …‹, und zeigte noch auf ein paar Dutzend weiterer Bücher.

Wir holten die Bücher so schnell wir konnten aus den Regalen und stapelten sie übereinander.

›In Ordnung‹, sagte er, ›machen Sie die Rechnung fertig. Ich schicke Ihnen morgen meinen Fahrer, der die Bücher abholt.‹

Am nächsten Tag kam der Fahrer in einem Jaguar, bezahlte die Rechnung und nahm die Bücher mit.

Nun hatte uns in Dänemark, wo wir das Schiff gekauft hatten, die Seemannsmission von Färöer den Zahn eines Narwals geschenkt. So ein Wal hat einen Zahn, der sich zu einem spiralförmigen Horn entwickelt, so wie man sich das eines Einhorns vorstellt. Dieser Zahn war etwa ein Meter zwanzig hoch.

Unser wohlhabender Besucher hatte durch den Lehrer einer seiner Kinder von diesem Zahn gehört und wollte ihn haben. So etwas besaß sonst niemand im Golf, da man diese Zähne nur in der Gegend von Dänemark findet. Also schickte er uns jemanden vorbei, um uns zu sagen, daß er den Zahn haben wolle.

Wir setzten uns kurz zusammen, um die Angelegenheit zu bereden. Sollten wir verkaufen? Wir entschlossen uns dazu. Wir waren sicher, daß sich die Seemannsmission freuen würde, daß dadurch Geld in Gottes Arbeit fließen würde. Aber welchen Preis sollten wir verlangen? Man überließ die Entscheidung mir.

›Also ich werde 500 Dinar verlangen (ca. 1 800 bis 2 400 DM).‹ Die anderen hielten mich zwar für verrückt, aber wenn ich es versuchen wolle, dann sei das meine Sache.

Am nächsten Tag kam der Mann und sagte abrupt: ›Ich will den Zahn des Wals.‹ Einfach so. ›Wir haben aber noch nicht über den Preis verhandelt‹, wandte ich ein. ›Das ist egal.‹ Er drehte sich zu seinem Fahrer um und befahl: ›Bringe ihn in den Wagen.‹ Und zu mir: ›Wieviel wollen Sie haben?‹ ›Ich möchte 500 Dinar.‹ Lässig griff er in seine Tasche, zog einige Scheine hervor, gab mir 500 Dinar und ging.

Wir hatten das Personal ausgewechselt, vier Häfen besucht, und jetzt fuhr das Schiff zurück nach Indien. Kurz vor Jahresende verabschiedete sich das Schiff für einige Monate von Kapitän Kristiansen. Er nahm aus einem sehr wichtigen Grund Urlaub: um Ann Rossiter zu heiraten, die junge englische Hebamme, die er auf der Logos kennengelernt hatte. Sich in der kleinen, engen Gemeinschaft der Logos kennenzulernen, kann nicht einfach gewesen sein. Alles, was sie taten, wurde entweder mit liebevollem Schmunzeln oder mit mitempfundener Freude verfolgt. Aber sie kamen trotz der oft frustrierenden Umstände sicher ans Ziel und heirateten am 16. Dezember in Oslo (Norwegen). Ein pensionierter englischer Offizier, Kapitän George Paget, vertrat Kristiansen während seiner Abwesenheit.

1971 war auch insofern bemerkenswert, als in diesem Jahr ein »Intensives Trainingsprogramm« (IT) eingeführt wurde. Während der OM-Sommereinsätze in Europa entwickelte George Verwer eine große Begeisterung für die »Outward Bound«-Kurse, die sich zu dieser Zeit in England und Amerika wachsender Beliebtheit erfreuten.

Die Idee dieser Kurse war die, junge Menschen in Situationen zu bringen, in denen sie (auch sportlich) bis zum Äußersten gefordert wurden, um so Fähigkeiten in sich zu entdecken, von deren Existenz sie bisher nichts gewußt hatten. Eine besondere Herausforderung war das Zusammenleben auf engstem Raum in Teams, in denen die jungen Leute viel über sich selbst und den Umgang mit anderen lernen konnten.

Es war für George bezeichnend, daß er dieses Konzept aufgriff und so veränderte, daß sowohl geistliche wie auch physische Anforderungen gestellt wurden. Genauso bezeichnend für ihn war, daß er die Ziele in diesem ersten Jahr etwas zu hoch schraubte. Zum einen sollte das Programm nicht ein oder zwei Wochen, sondern sechs lange Monate dauern. Zum anderen mußten so viele Traktate verteilt, Arbeitsstunden geleistet, Bücher verkauft, christliche Filme angesehen und Tonbänder angehört, Bibelstellen gelesen, Bibelstudien betrieben, Briefe geschrieben, Evangelisationsreisen ohne Vorräte im Vertrauen auf Gottes Fürsorge unternommen sowie sportliche Ziele erreicht werden, daß die jungen Männer, die sich »freiwillig« zu diesem Programm gemeldet hatten, ungefähr 16 Stunden am Tag benötigt hätten, nur um diese Ziele zu erreichen – die Zeit für Essen, Ausruhen etc. nicht mitgerechnet.

Die jungen Männer, die am IT-Programm teilnahmen, waren zum größten Teil erst vor kurzem an Bord gekommen. Sie waren nicht begeistert. Die Begeisterung stellte sich auch nicht ein, als sie sich abmühten, diese Ziele zu erreichen. Sicherlich lernten sie sich selbst besser kennen – einer von ihnen, Jud Lamos, erzählte später:

»Eines hat dieses IT-Programm bewirkt: Wir haben uns in die fleischlichsten und egoistischsten Menschen verwandelt, die man sich vorstellen kann. Alles, was uns die Bibel lehrt, nicht zu tun, haben wir getan, nur um diese Ziele zu erreichen …«

Aber keiner der jungen Männer hat alle Ziele erreicht. Es war einfach nicht möglich. Und doch wertet jeder der damaligen Teilnehmer dieses erste Trainingsprogramm als eine äußerst hilfreiche Erfahrung, die stark zur persönlichen und geistlichen Entwicklung beigetragen hat. Jud Lamos sah es so:

»Wir standen Problemen gegenüber, die wir als Team zu bewältigen versuchten, egal, ob wir alleine oder zusammen arbeiteten. Wir sagten uns selbst: ›Das ist das Ziel. Das müssen wir tun.‹ Manchmal waren die meisten von uns niedergeschlagen, aber dann war doch irgendeiner in der Lage, uns zum Weitergehen zu ermutigen. Wir lernten Grundsätze, die auch in der Geschäftswelt erfolgreich angewendet werden könnten: herauszufinden, wieviel man von jemandem fordern kann, der bereits am Ende seiner Kräfte ist, aber auch zu merken, wann es an der Zeit ist, demjenigen zu helfen und ihn zu unterstützen.

Für den geistlichen Kampf unseres Lebens war der Gewinn aber noch größer. Wir gelangten alle irgendwann an den Punkt, an dem wir erkannten, daß wir alles aus eigener Kraft zu tun versuchten. Wir waren nur damit beschäftigt, unsere Ziele zu erreichen, und in dieser Geschäftigkeit entfernten wir uns weit von Gott. Wir mußten zum Herrn gehen und ihm bekennen, daß trotz unserer weit gesteckten Ziele unsere Herzen doch voll Unrat waren.

Ich erinnere mich, wie ich eines Abends, zwei Monate vor dem Ende meiner Trainingszeit, in der Schiffsbücherei saß. Ich arbeitete eine Liste von Fragen durch, und das einzige, was ich am Ende noch sicher wußte, war, daß Gott existierte. Alle anderen Überzeugungen gerieten mir ins Wanken. Mir wurde klar, wie sehr ich es nötig hatte, daß Jesus mich reinigte. Ich bat ihn von ganzem Herzen darum... Dann offenbarte sich mir der Herr in wunderbarer Weise und veränderte mein Herz, so daß mir die Ziele auf einmal nicht mehr so wichtig waren. Ich wollte zwar immer noch die Ziele erreichen, aber sie waren nicht mehr der letzte Sinn meines Lebens.«

Das IT-Trainingsprogramm, an dem die Teilnehmer anfangs nur mit Widerwillen teilnahmen, brachte so viele positive Ergebnisse mit sich, daß es zum Standardprogramm des Schiffes wurde. Einem der geistlichen Leiter, Frank Dietz, wurde die Verantwortung dafür übertragen. Er überarbeitete und verbesserte es noch. Als Teilnehmer angenommen zu werden, wurde dann als Vorrecht angesehen. Viele Leiter, die heute für verschiedene Bereiche der OM-Arbeit sowie auch anderer Missionsgesellschaften verantwortlich sind, erhielten die wichtigste Schulung ihrer Persönlichkeit und Zurüstung für die Leiterschaft durch dieses Intensivtrainingsprogramm.

Wunden heilen

An einem Dezemberabend des Jahres 1971 fuhr die Logos in den Hafen von Bombay ein, einer Stadt, in der es vor Menschen nur so wimmelt. Sie lag in völliger Dunkelheit. Nirgends war ein Licht zu sehen. Die Logos wurde von einem Unterseeboot eskortiert. Männer kamen an Bord und versiegelten das Funkgerät. Gerade hatten sich Indien und Pakistan wegen des damaligen Ost-Pakistans den Krieg erklärt.

Trotz der gelegentlich zu hörenden Schüsse und der Leuchtraketen bestand keine akute Gefahr für die Logos. Die Schüsse waren nur Schau; der eigentliche Kampf fand weit entfernt statt. Trotzdem war die Besatzung in ihrem Programm behindert und beschloß deshalb, weiter südlich nach Goa zu fahren und später nach Bombay zurückzukehren.

Während des Aufenthalts in Goa ging der Krieg zu Ende. Die gesamte indische Flotte zog unter dem Kommando des Marineadmirals in Goa ein, um ihren Sieg zu feiern. Jemand von der Logos kam auf die Idee, die Offiziere dieser Schiffe zu einem Weihnachtsbankett einzuladen, um sie mit dem Evangelium zu erreichen. Golden umrandete Einladungen wurden gedruckt. Die Gäste wurden gebeten, in festlicher Kleidung zu erscheinen. Tatsächlich kamen die indischen Offiziere, schmuck anzusehen in ihren prächtigen Uniformen. Die Logos-Offiziere besaßen jedoch nur legere, kurzärmelige Baumwolluniformen. Trotz dieser gesellschaftlichen Unbeholfenheit verlief der Abend gut, den indischen Offizieren schien es zu gefallen. Die Frau eines Logos-Offiziers äußerte viele Jahre später: »Wir waren damals so jung und unerfahren, daß wir uns vieles leisten konnten, das uns heute nicht mehr verziehen würde. Das Essen war zum Teil so zäh, daß man es nicht schneiden konnte. Ich erinnere mich noch: Als sie versuchten, den traditionellen englischen Weihnachtspudding zu zerteilen, war er so hart, daß er aus den Tellern sprang.«

Die Besatzung der Logos sollte die Auswirkungen des Krieges jedoch noch viel näher zu Gesicht bekommen. Am 19. April steuerte die Logos das neu gegründete Bangladesch an. Die Kämpfe waren vorbei, auch wenn ab und zu noch ein Schuß zu hören war. Wohin man auch sah, überall hatte der Krieg Verwüstung angerichtet. Gesunkene Wracks säumten die Ufer der Häfen. Gesprengte Brücken erschwerten das Fortkommen. Menschen mit Schußwunden und anderen kleineren Verletzungen warteten in kleinen Booten an der Gangway der Logos darauf, von den Krankenschwestern des Schiffes behandelt zu werden.

Die Logos fuhr zunächst flußaufwärts bis zu der kleinen Stadt Chalna. Dort mußte sie wie die anderen Schiffe im Hafen vor Anker liegen bleiben. Kurz nach ihrer Ankunft brach ein starker Sturm aus. Der Wind war so heftig, daß er die Segeltuchabdeckungen der Rettungsboote und des Achterdecks in Fetzen riß. Ein Teil der Mannschaft befand sich an Deck, um den Sturm zu beobachten. Plötzlich entdeckten sie in der Mitte des Flusses die Gestalt eines Mannes, der in aufrechter Haltung mit rasender Geschwindigkeit von der Strömung mitgerissen wurde. Er umklammerte ein Ruder, mit dem er verzweifelt winkte, und schrie um Hilfe. Anscheinend saß er in einem kleinen Boot, das unter Wasser getaucht war.

»Wir müssen ihn retten«, war die instinktive Reaktion der Mannschaft.

»Auf gar keinen Fall!« widersprach der Kapitän. »Wir können nichts machen. In diesem Sturm ein Rettungsboot herunterzulassen, wäre glatter Selbstmord.«

Der Mann war gerade an der Logos vorbeigetrieben worden, als der Sturm so plötzlich nachließ, wie er aufgekommen war. Ein paar Männer ließen auf die rasche Anordnung des Kapitäns ein Motorboot herunter und folgten dem Mann. Als sie das überflutete Boot eingeholt hatten, zogen sie den Mann heraus in ihr Boot. Aber anstatt erleichtert zu sein, gestikulierte er hysterisch und zeigte auf sein kleines Boot. Anscheinend hatte er panische Angst, es könnte dem Untergang preisgegeben werden. Um ihm einen Gefallen zu tun, banden seine Retter es an ihrem Boot fest und zogen es zum Schiff zurück.

Als sie auf der Höhe des Schiffes waren, trug einer von der Mannschaft den tropfnassen, zitternden und zu Tode erschreckten Mann an Bord. Bevor der Ärmste wieder zu sich kommen konnte, wurde er von Susanne Lindemann, einer echten deutschen Krankenschwester, unter die Dusche geschickt und der gründlichsten Reinigung unterzogen, die er wohl je erfahren hatte. Dann wurde er mit Medizin vollgepumpt und auf der Krankenstation ins Bett gesteckt, damit er sich ausruhen und von seinem Schock erholen konnte.

In der Zwischenzeit pumpte die Mannschaft das Wasser aus seinem Boot. Am darauffolgenden Tag wurde er in sein Dorf zurückgebracht, wo die Bewohner sie mit Fragen überschütteten. Einige aus der Mannschaft begleiteten ihn und waren erstaunt, daß die Dorfbewohner die Gesundheit und Sicherheit des Mannes gar nicht interessierte, sondern nur das Boot. Für diese Menschen bedeutete das Boot Leben. Es war ihre einzige Möglichkeit, ihren Lebensunterhalt zu verdienen.

Der indische Schiffsarzt, Dr. Harawatiki, ein älterer Herr, war tief betroffen, als er hörte, daß es für Millionen von Menschen in den umliegenden Dörfern keinen einzigen Arzt gab. Jeden Morgen kletterte er mit zwei der Schiffskrankenschwestern in eins der motorisierten Rettungsboote des Schiffs und fuhr flußaufwärts zu einigen Dörfern, in denen er ambulante Krankenstationen auf dem Markplatz errichtete. Das Team arbeitete von morgens bis abends und kehrte erst spät auf das Schiff zurück. Oft wurden sie auch von anderen Logos-Mitarbeitern begleitet. Die stellten sich auf den Dorfplatz, baten einen einheimischen Christen zu dolmetschen und erzählten dann den Dorfbewohnern von Jesus Christus. Die Menschen hörten sehr interessiert zu.

Eines Tages hielt Dr. Harawatiki die Morgenandacht an Bord. Im Rückblick auf sein Leben sagte er: »Ich kann mit dem Apostel Paulus sagen: ›Ich habe den guten Kampf gekämpft. Ich habe den Lauf vollendet.‹«

Zwei oder drei Tage später wollte ihn einer seiner indischen Helfer wie an jedem Morgen wecken. Als auf das Anklopfen hin keine Antwort kam, öffnete er die Tür. Friedlich lag Dr. Harawatiki auf seinem Bett. Beim näheren Hinsehen bemerkte er, daß nur sein Körper dalag – sein Geist war zu Gott heimgegangen. Der Arzt war in der Nacht an einem Herzanfall gestorben.

Als Dr. Harawatikis Sohn und Schwiegersohn kamen, um den Leichnam nach Indien zurückzutransportieren, erzählte Ebbo Buurma ihnen, wie ihr Vater das Leben seines Sohnes gerettet hatte:

»André kam während des Aufenthalts in Bombay auf dem Schiff zur Welt. Er war gerade einige Monate alt. Sein Bruder Stefan hatte Süßigkeiten geschenkt bekommen. Er lutschte von einem Bonbon die Schokolade ab und steckte die Erdnuß, die darin war, als wir gerade nicht hinschauten, in Andrés Mund.

Da bemerkten Vera und ich plötzlich, daß André nicht mehr atmete. Die Erdnuß war in seine Luftröhre gerutscht. Vera packte ihn und klopfte ihm auf den Rücken, aber die Erdnuß kam nicht raus. Sie rannte blitzschnell mit dem Baby zu Susanne Lindemanns Kabine.

Beide Krankenschwestern waren dort. Sie versuchten fieberhaft, das Baby wieder zum Atmen zu bringen, aber es passierte nichts. Statt dessen lief es blau an.

Auf einmal kam wie durch ein Wunder Dr. Harawatiki vorbei und sah, was los war. Ohne lange nachzudenken, öffnete er den kleinen Mund des Babies – er war ein stattlicher Mann mit großen Fingern –, steckte seinen Finger mit ganzer Kraft in den Hals des Babies und holte die Erdnuß heraus. Das Baby keuchte und japste und fing wieder an zu atmen. Der Arzt drehte sich zu mir um und sagte: ›Bruder, dein Sohn ist gerade neu geboren worden.‹ Er wäre bestimmt gestorben, wenn Dr. Harawatiki ihn nicht gerettet hätte.«

Alle weit gespannten, idealistischen Pläne, die Logos in Notstandsgebieten einzusetzen, wurden auf einmal akut, als das Schiff zum ersten Mal ein Land, das tatsächlich Hilfsgüter benötigte, ansteuerte. In Kalkutta gab es riesige Lagerhäuser mit Hilfsgütern, die von verschiedenen Organisationen für Bangladesch gespendet worden waren. Der Engpaß war die Verteilung. So trat man in Verhandlungen ein: Geplant war, die Logos für ein paar Monate als Transportschiff zwischen Kalkutta und Bangladesch hin und her pendeln zu lassen. Die Zollbehörden von Bangladesch machten jedoch so viele Schwierigkeiten, daß die Idee fallengelassen werden mußte.

Die Lagerräume der Logos waren mit gebrauchter Kleidung angefüllt, die für Bangladesch gespendet worden war. Dabei machten die Zollbehörden keine Schwierigkeiten. Die Probleme kamen diesmal aus einer anderen Richtung: Man bat Missionare, die Kleider zu verteilen, aber keiner wollte das übernehmen. Nur wenn sie sechsundzwanzig genau gleiche T-Shirts erhalten würden, würden sie sie nehmen, sonst gäbe es nur Zank und Streit unter den Bewohnern, meinten sie. Das Rote Kreuz wollte die Kleider auch nicht. Schließlich war das

Rote Kreuz immerhin bereit, einen Lastwagen zum Schiff zu schicken, das im Hafen von Tschittagong lag, und die Kleidung aufzuladen. Der Lastwagen fuhr die Kleidungsstücke zum Marktplatz und entlud sie einfach auf die Straße. Sie verschwanden im Handumdrehen. So gelangten sie zumindest in die Hände von Menschen, die sie nötig hatten.

Durch diese Erfahrungen traten die Hoffnungen und Pläne, in Notstandsgebieten helfen zu können, immer mehr in den Hintergrund, aber dafür taten sich neue Möglichkeiten auf.

In Tschittagong kam ein Bengale an Bord und wollte jemanden von der Mannschaft sprechen. Sein großes Anliegen war, daß doch christliche Fachkräfte nach Bangladesch kämen, um dort zu arbeiten. Einem Ingenieur erklärte er, Muslime seien oft der Ansicht, Missionare würden nur deshalb über Religion reden, weil das ihre Arbeit sei, für die sie bezahlt würden. Wenn sie aber am Arbeitsplatz Christus bezeugten, hätten sie viel mehr Kontaktmöglichkeiten, und die Menschen würden ihnen viel offener und bereitwilliger zuhören.

Der Logos-Ingenieur hörte aufmerksam zu. Nach einigen Jahren kehrte er nach Bangladesch zurück, um Maschinenbau zu unterrichten. Nun konnte er in seinem Beruf, als Fachmann auf dem Gebiet der Seefahrt, über Jesus Christus sprechen.

Während des Aufenthaltes in Bangladesch fuhr ein Logos-Team mit dem Lastwagen zur Hauptstadt Dakka. Andere fuhren mit dem Paddelboot flußaufwärts und beförderten ebenfalls Bücher zu einer Ausstellung, die in einem Saal der Universität von Dakka stattfinden sollte.

Die Universität selbst bot einen traurigen Anblick. Die Fassade war von Einschußkratern übersät. In ihren Mauern waren viele der Intellektuellen des Landes umgebracht worden. Lange Haarsträhnen hingen an Bäumen und Büschen wie zum grausigen Gedächtnis an die drei- bis vierhundert Studentinnen, die auf einem eingezäunten Gelände zusammengetrieben und als Prostituierte benutzt worden waren. Aus Verzweiflung hatten sich viele an ihren langen Haaren aufgehängt.

Auf diesem Universitätsgelände stellte das Logos-Team seine Bücher aus. Eine große Anzahl Lehrbücher wurde gespendet, um die Universitätsbibliothek, die größtenteils zerstört worden war, wieder aufzufüllen. In einem der Universitätshörsäle wurden Bücher zu stark reduzierten Preisen angeboten.

Der Saal, in dem die Ausstellung stattfand, befand sich im Erdgeschoß, und viele Türen führten direkt nach draußen auf eine Wiese. Nach ein paar Tagen merkten die Mitarbeiter, daß viel gestohlen wurde. Sie schlossen daraufhin alle Türen bis auf eine und verbarrikadierten sie mit aufeinandergestapelten Stühlen. Im Laufe der Zeit gelang es ihnen, einige Gesichter auszumachen, die immer wieder auftauchten. Die Diebe trennten sich, sobald sie die Austellung betraten. Jeder suchte sich ganz unauffällig seine Bücher aus und tat so, als wenn er sie an der Kasse bezahlen wollte. Auf ein bestimmtes Signal bewegten sich alle auf eine der verschlossenen Türen zu. Einige Verbündete hatten in der Zwischenzeit draußen die Stühle entfernt, so daß die Diebe die Tür aufstoßen und ins Freie verschwinden konnten.

Daraufhin stellten die Mitarbeiter draußen Wachtposten auf, die die Türen in regelmäßigen Abständen überprüften. Dadurch hörten die gröbsten Diebstähle auf.

Trotzdem schlenderten die Diebe weiterhin täglich durch die Ausstellung in der Hoffnung, doch noch eine Möglichkeit zu finden. Die Mitarbeiter, die sie erkannten, gingen häufig auf sie zu und verwickelten sie in ein Gespräch, so konnten sie zumindest in dieser Zeit nichts anstellen. Die Diebe wurden immer enttäuschter, bis die Spannung am letzten Tage der Ausstellung ihren Höhepunkt erreichte. Sie wollten unbedingt noch ein paar Bücher mitgehen lassen. Als die Ausstellung geschlossen wurde, gingen sie einfach nicht. Den Mitarbeitern war unbehaglich zumute, aber sie wußten nicht, was sie tun sollten. Einer holte schließlich einen Polizisten, um die Störenfriede zu vertreiben. Die Atmosphäre knisterte vor Spannung, während man versuchte, einander einzuschätzen. Schließlich gaben die Diebe nach und verließen ruhig den Saal.

Mit Zwischenaufenthalt in drei weiteren Ländern erreichte die Logos im Juli die Philippinen. Zu der Zeit stand das Land vor vielen Problemen. Durch einen Taifun waren gerade einen Tag vor der Ankunft des Schiffes in der Gegend von Manila etwa 460 Millimeter Regen gefallen. An der Küste lag ein gestrandetes Schiff wie zum stummen Zeugnis von der Heftigkeit des Sturms.

Die äußere Zerstörung war jedoch nur ein sehr kleiner Teil der Probleme, mit denen die Philippinen zu kämpfen hatten. Die Verantwortlichen der Logos hielten es für notwendig, die Besucher vor Verlassen der Ausstellung zu untersuchen, um Diebstähle zu verhindern. Einer der Mitarbeiter bemerkte einen großen Mann, dessen Hemd verdächtig gewölbt war. Mit dem ganzen Eifer eines Kreuzritters, der das Böse aufdeckt, schoß er auf den Mann zu und riß sein Hemd hoch. Zum Vorschein kam ein Gewehr.

»Oh... Verzeihung«, stammelte er und machte einen Satz zurück. Von da an zügelte er seinen Eifer und ging ein wenig diskreter vor.

Inzwischen hatte es sich auf der Logos eingebürgert, immer zur Eröffnung des Büchermarktes in einem Hafen einen Empfang zu geben. Dazu luden sie jeweils einen möglichst hochrangigen öffentlichen Vertreter als

Ehrengast ein. Auf den Philippinen fing der Line-Up-Mann bei seiner Suche nach dem Ehrengast wie üblich ganz oben an und war erstaunt, als der Staatspräsident der Philippinen die Einladung annahm!

Mehrere Stunden vor Ankunft von Präsident Marcos durchsuchten Sicherheitskräfte gründlichst das Schiff. Die für das Protokoll Verantwortlichen kamen an Bord, um zu erklären, wie alles abzulaufen habe. Später trafen mindestens zweihundert Leibwächter ein, denen gegenüber die Logos-Besatzung bei weitem in der Minderzahl war. Sie bezogen überall auf dem Schiff Stellung, in jedem Durchgang, im Maschinenraum, in der Kombüse. Jede Person auf dem Schiff wurde genau beobachtet. Zwei Hubschrauber kreisten über ihren Köpfen. Froschmänner tauchten unter das Schiff und suchten nach Haftminen. Einige Schnellboote standen für den Notfall bereit.

Nachdem alle Vorbereitungen getroffen waren, kam der Präsident mit seiner Frau und seiner zwölfjährigen Tochter an Bord. Er wurde in allen Ehren empfangen und erhielt zwei Buchgeschenke von der Ausstellung: eine erlesene Ausgabe der Gute-Nachricht-Bibelübertragung in modernes Englisch, die aus der ersten Auflage stammte und numeriert war, sowie einen großen Bildband über Pferde – sein besonderes Hobby. Seine Frau erhielt einen Kunstbildband und seine Tochter ein schönes Kinderbuch.

Dann hielt der Präsident der Besatzung eine Rede, die an jenem Abend über Fernsehen und Radio landesweit ausgestrahlt wurde. Er hieß das Schiff auf den Philippinen willkommen und fuhr fort: »Auf den Philippinen gibt es siebentausend Inseln…«

»Papa«, unterbrach ihn eine kleine Stimme, »es gibt siebentausendeinhundert.«

Lachen erfüllte den Raum. Die Steifheit verschwand, und die Anwesenden hörten entspannt der weiteren Rede zu.

Der Präsident sagte einige freundliche Worte über das Schiff. Ein Satz wurde in den folgenden Jahren immer wieder zitiert: »Ihr Schiff ist wie eine Miniaturausgabe der Vereinten Nationen. Es gibt nur einen Unterschied: Ihr seid alle vereint.«

Einige Tage nach seinem Besuch schickte der Präsident eine Einladung: Die ganze Mannschaft wurde zu einem Essen in den Palast gebeten. Die Einladung wurde von allen, die nicht zur Wache auf dem Schiff bleiben mußten, gerne angenommen. Eine Volkstanzgruppe führte wunderschöne, typisch philippinische Tänze vor. Anschließend bekam jeder ein Geschenk. Zuvor war die Logos um eine Liste aller verantwortlichen Leiter und Offiziere auf dem Schiff gebeten worden. Jeder wurde mit seinem Titel aufgeführt: der Schiffsdirektor, der Schiffskapitän, der Leitende Offizier, der Erste, Zweite und Dritte Offizier, der Leitende Ingenieur, der Erste, Zweite und Dritte Ingenieur. Eine große, hübsch eingewickelte Schachtel wurde dem damaligen Direktor George Miley ganz feierlich überreicht. Eine ebenso große Schachtel wurde dem Kapitän überreicht, eine etwas kleinere Schachtel dem Leitenden Offizier, eine noch kleinere dem Ersten Offizier und so weiter. Keine Schachteln für die Ingenieure. Anscheinend hatte derjenige, der zuständig war, nicht bemerkt, daß auch die Ingenieure Offiziersrang hatten. Sie erhielten wie die übrige Besatzung auch nur ein kleines Medaillon, in das das Bild des Präsidenten und seiner Frau eingraviert war. Ein völlig unbeabsichtigtes Versehen, aber es wirkte wie ein Stich in ein Wespennest.

Der Besuch des Präsidenten öffnete der Logos alle Türen, und durch die im Fernsehen übertragene Rede strömten Massen von Menschen zum Büchermarkt. Der Schiffschor wurde gebeten, an einem Freitagabend im Fernsehprogramm aufzutreten. Neben der Musik hatten sie auch Gelegenheit zu erzählen, was Christus in ihrem Leben getan hatte.

Ein großer Teil der Besatzung nahm an kirchlichen Versammlungen an Land teil. Die Pastorenkonferenz auf dem Schiff mußte leider abgebrochen werden, bevor sie beendet war. Ein Sturm war aufgezogen. Obwohl das Schiff am Kai festgemacht war, rollte und stampfte es so stark, daß sich ein Pastor nach dem anderen seekrank aus der Veranstaltung davonschlich und im Bett seiner Kabine Zuflucht suchte.

Nicht nur die Pastorenkonferenz wurde durch das stürmische Wetter beeinträchtigt, sondern auch der Büchermarkt. Als Sturm- und Taifunwarnungen bekanntgegeben wurden, mußte die Ausstellung vom Vorderdeck fortgebracht werden. Man fand jedoch einen ausgezeichneten Ersatzort für die Ausstellung: ein großes Hotel direkt vor dem Hafengebiet. Mehr Bücher als je zuvor wurden verkauft.

»Es war so schwer zu begreifen, daß die Menschen diese Bücher wirklich brauchten«, meinte Carol Ann Poynor, die jetzt halbtags in der Ausstellung arbeitete. »Ich erinnere mich an eine Nonne, die amerikanische Chemielehrbücher kaufte, die ungefähr zwanzig Jahre alt waren. Ich glaube, wir haben 10 Pfennig pro Stück verlangt. Sie stand da und weinte, weil sie jahrelang ohne Lehrbücher Chemieunterricht erteilt hatte.«

Die Logos-Besatzungsmitglieder, für die der Besuch des Präsidenten wahrscheinlich die nachhaltigsten Folgen hatte, waren gar nicht an Bord, als das Schiff 1972 die Philippinen besuchte. Gary und Susan Dean kamen erst einige Monate später aufs Schiff. Beim zweiten Besuch der Logos auf den Philippinen waren sie jedoch mit dabei. Während des Aufenthaltes in der Stadt Cagayan de Oro besuchten sie ein Kinderheim und verliebten sich in ein kleines, verwaistes philippinisches Mädchen und

wollten es adoptieren. Die Heimleiter freuten sich darüber; das Schiff sollte jedoch in knapp einer Woche auslaufen, und es war unmöglich, in so kurzer Zeit einen Paß
für das Kind zu bekommen. Zumindest vom menschli-
chen Standpunkt aus war es unmöglich, aber nicht von
Gottes Warte aus.

Nach viel Gebet wurde ein Brief an den Präsidenten
aufgesetzt, in dem der Schiffsdirektor George Miley ihn
um seine Hilfe bat. Das Schreiben wurde persönlich in
den Palast gebracht.

Noch am gleichen Tag, dem 7. August 1973, übergab
der Präsident der Logos-Delegation eine handschriftliche Notiz auf offiziellem Briefpapier, die an den Staats-
sekretär im Außenministerium gerichtet war:

> »Veranlassen Sie, daß das Kind, das von einem
> Mitglied der Delegation der M/V Logos (das
> Bücherschiff) adoptiert wurde, vor dem Auslau-
> fen des Schiffes am Freitag, den 10. August, seinen
> Paß bekommt.
> Diese Notiz wird von Kapitän Paget und/oder
> Direktor George Miley persönlich überbracht.«
> Unterschrift: Präsident Marcos.

Drei Tage später lief die Logos aus mit einem kleinen
Mädchen namens Emily Dean an Bord.

Bordgefechte

Ein paar Zigarren, die von denen, die sie geschenkt bekommen hatten, noch nicht einmal angezündet wurden, entfachten dann zu offenem Streit, was bereits zwei Jahre lang unterschwellig zwischen Offizieren und Ingenieuren geschwelt hatte. Die hübsch verpackten Geschenke des philippinischen Staatspräsidenten an die Decksoffiziere enthielten teure Zigarren. Da an Bord niemand rauchte, hätten die Ingenieure sowieso keine Verwendung für sie gehabt, aber der Gedanke, daß man ihnen nur, wie dem Rest der Besatzung auch, Medaillons geschenkt hatte, wurmte sie. Schließlich war die Logos gebeten worden, den Beamten des Präsidenten eine Liste aller Offiziere vorzulegen. Anscheinend wurden die Ingenieure nicht als Offiziere angesehen. Ihre wichtige Rolle auf dem Schiff wurde nicht gebührend anerkannt und folglich ihre Autorität untergraben.

Am Morgen nach dem Empfang beim Präsidenten erschienen alle Ingenieursoffiziere in Uniform im Speisesaal und besetzten einen langen Tisch, den der Leitende Ingenieur für sie reserviert hatte. Für den Kapitän und seine Offiziere war bereits ein Tisch reserviert. Also beanspruchte der Leitende Ingenieur John Yarr das gleiche Recht für sich. Mit erhobenem Haupt ging er stracks auf das Kopfende seines Tisches zu, ließ seine Familie Platz nehmen und forderte seine technischen Offiziere auf, sich ebenfalls zu setzen.

Diese einfache Geste löste einen unglaublichen Sturm der Entrüstung aus. Viele der einfachen Besatzungsmitglieder verstanden nicht, was die Ingenieure damit erreichen wollten. Sie sahen die Dinge aus ihrer Sicht. Plätze für die Ingenieursoffiziere zu reservieren, die aufgrund ihrer Arbeitszeiten sowieso oft nicht am Essen teilnehmen konnten, bedeutete, anderen Plätze wegzunehmen, denn der Speisesaal bot sowieso nicht genügend Raum für die ganze Schiffsbelegschaft. »Für wen halten diese Ingenieure sich eigentlich?« fragte jemand. »Für sich selbst reservieren sie Plätze, und wir können schauen, wo wir bleiben!« Andere empfanden das Verhalten der Ingenieure einfach nur als stolzes, kindisches Gehabe.

Den geistlichen Leitern war klar, daß dieser Machtkampf aufhören mußte, wenn das Schiff einen wirksamen Dienst für Gott tun sollte. Sie waren sich auch bewußt, daß es zum Teil ihre Schuld war, daß sich die Spannungen so zugespitzt hatten.

George Verwer war oft nur wenige Monate auf dem Schiff und dann wieder lange Zeit in Europa und anderswo. Er merkte sehr schnell, daß er in seiner Abwesenheit einen Stellvertreter brauchte. Mitte der sechziger Jahre hatte er in Indien eng mit dem jungen Amerikaner George Miley zusammengearbeitet. Er hatte seine Fähigkeiten bald erkannt und ihm nach und nach mehr Verantwortung übertragen. Das war die Herausforderung, die George Miley brauchte. Er liebte Indien und widmete sich mit Leib und Seele seinen Aufgaben.

Als George Verwer ihn bat, stellvertretender Direktor der Logos zu werden, war er nicht im geringsten daran interessiert. Er wollte in Indien bleiben. George gelang es zwar, ihn mit der ihm eigenen Überzeugungskraft doch zum Kommen zu überreden, aber er kam nur widerwillig. Mit seinem Herzen war er in Indien und zählte die Tage, bis er zurückkehren konnte. Die Konflikte und Spannungen, mit denen er sich auf dem Schiff auseinandersetzen mußte, verstärkten nur noch diesen Wunsch. Er sah sich nur als vorläufigen Verwalter des Schiffes bis zur Rückkehr von George Verwer und hielt sich deshalb so weit wie möglich aus allen Schwierigkeiten heraus.

Im Grunde hieß das, daß niemand richtig zuständig war. Selbst wenn George Verwer an Bord war, konnte er nicht konsequent als Leiter auftreten, weil er sich um zu viele andere Bereiche kümmern mußte. Das »Zigarrengefecht« trieb die Spannungen auf die Spitze. George Miley wußte, es war an der Zeit, zu handeln und die Dinge beim Namen zu nennen, ob er wollte oder nicht. Frank Dietz, der für die geistliche Betreuung mitverantwortlich war, beschrieb die Lage so:

»Einige auf dem Schiff fragten sich, ob das ganze Vorhaben wegen der Zwistigkeiten an Bord scheitern würde. George Miley und ich fürchteten uns manchmal davor, aufzustehen und die Morgenandacht zu halten oder die Bekanntmachungen zu geben. Wir fühlten uns ohnmächtig, weil wir ja selbst ganz neu in diesem Dienst standen. Oft drängten uns die Seeleute in die Ecke und warfen uns vor, daß wir von Schiffen keine Ahnung hätten. Und das stimmte ja auch. Wir wußten nicht, wie Schiffe funktionieren. Wir wußten nicht, wie die Arbeit ausgeführt werden sollte. Wir wußten nicht, wie das Verhältnis zwischen Direktor und Kapitän geregelt werden sollte.«

An jenem Abend rief George Miley die ganze Schiffsbesatzung zusammen, damit man die Probleme einmal offen bereden konnte. Es war eine sehr lebhafte Versammlung. Anwesende ließen ihren Gefühlen freien Lauf, man kritisierte einander, stritt und debattierte lautstark. In einer Ecke stand ein Ingenieur auf und sagte seine Meinung. In einer anderen Ecke schoß ein Offizier hoch und schrie: »Hör' auf, so einen Unsinn zu verzapfen!« Bei der Versammlung traten viele Charakterschwächen zutage – falsche Zurückhaltung gehörte jedoch nicht dazu.

Mitten in diesem Durcheinander von Bitterkeit und Verdächtigungen, verletztem Stolz, herzlosen Anschuldigungen, Empörung und Ungeduld trat George Miley nach vorne und nahm die Sache in die Hand. Anstatt die Besatzung für ihr unreifes und ungeistliches Handeln zu verurteilen, erklärte er in aller Ruhe die Rolle der Ingenieure auf dem Schiff. Er wies auf ihre Ausbildung und ihr Fachwissen hin und daß sie den gleichen Status wie die Decksoffiziere hätten. Er machte sehr deutlich, daß man den Ingenieuren die Achtung zuteil werden lassen solle, die ihnen gebühre.

Dann las er das Gleichnis Jesu aus Lukas 14,7–11 vor:

> *»Jesus hatte beobachtet, wie sich die Gäste die besten Plätze aussuchten. Darum erzählte er ihnen ein Gleichnis: ›Wenn dich jemand zu einem Hochzeitsmahl einlädt‹, sagte er, ›dann setz dich nicht gleich auf den besten Platz. Es könnte ja sein, daß eine noch vornehmere Person eingeladen ist. Der Gastgeber, der euch beide geladen hat, müßte dann kommen und dich bitten, den Ehrenplatz abzutreten. Dann müßtest du beschämt auf dem untersten Platz sitzen. Setz dich lieber auf den letzten Platz, wenn du eingeladen bist. Dann wird der Gastgeber kommen und zu dir sagen: ›Lieber Freund, komm, setz dich auf einen besseren Platz! So wirst du vor allen, die mit dir eingeladen sind, geehrt. Wer sich hochstellt, den wird Gott demütigen; aber wer sich geringachtet, den wird er erhöhen.‹«*

So machte George Miley in sehr schlichten, aber klaren Worten deutlich, worauf es Gott bei einem Menschen ankommt: nicht auf Selbstüberhebung und Stolz, der um Anerkennung kämpft, sondern auf eine demütige, liebevolle Haltung, die dem anderen Ehre und Lob zukommen läßt.

Noch vor der Versammlung hatten sich Mike Poynor, John Yarr und ein oder zwei andere Ingenieure getroffen und über den Vorfall im Speisesaal ausgesprochen. Sie waren zu dem Schluß gekommen, daß das ganze Theater völlig überflüssig und außerdem überaus peinlich war. Das Verhalten den Ingenieuren gegenüber war zwar nicht richtig gewesen, aber die Reaktion der Ingenieure war auch nicht gerade geeignet gewesen, eine Lösung herbeizuführen.

John Yarr war immer schnell bereit, Fehler zuzugeben, zu handeln und Unrecht wieder gutzumachen. Er bewies Mut und Demut, als er am nächsten Morgen vor der gesamten Besatzung eingestand, die Ingenieure hätten nicht so gehandelt, wie es Gott gefällt. Sie bedauerten das zutiefst und würden wieder zu ihrer vorherigen Sitzordnung zurückkehren.

Am nächsten Tag setzte sich George Miley mit Björn und John zusammen. Björn und John bekannten beide offen ihr falsches Verhalten voreinander. Beide baten Gott, ihnen zu vergeben und zu helfen, in der Zukunft Schwierigkeiten so zu lösen, daß Gott dadurch geehrt würde.

Gott zeigte der Besatzung, daß er nicht nach vollkommenen Menschen sucht – dann könnte niemand ihm dienen –, sondern nach Menschen, die sich von ihm verändern lassen, so daß sich in ihrem Leben mehr und mehr Gottes Wesen entfalten kann. Für eine Pionierarbeit wie die auf der Logos waren starke, entschlußfreudige Persönlichkeiten nötig. Damit aus ihnen aber starke, treue Männer Gottes werden konnten, mußten diese Charaktereigenschaften vom Heiligen Geist gereinigt und gemäßigt werden.

Die Auswirkungen dieses Vorfalls waren für alle an Bord spürbar. Nicht nur das Nachlassen der Spannungen zwischen Deck- und Ingenieursoffizieren (die von vielen Mitarbeitern noch nicht einmal bemerkt worden waren). Nun war klar, daß letztlich die geistlichen Leiter die Verantwortung auf dem Schiff trugen – nicht im Maschinenraum und auch nicht an Deck, aber doch in den Grundfragen der Schiffsarbeit. Es ging nicht mehr an, daß jeder seine Privatmeinung darüber verbreitete, wohin das Schiff fahren, was es verkaufen und was man tun solle: Nun gab es jemanden, der eindeutig und fest geistlicher Leiter war. Jetzt hatte die Besatzung auch das Gefühl, daß die Logos der Bestimmung gerecht wurde, für die sie gekauft worden war. Deshalb war der Vorfall mit den Zigarren so wichtig.

Auch bei George Miley bewirkte dieser Vorfall eine Wende in seiner Einstellung zum Schiff: Ob er wollte oder nicht, jetzt trug er volle Verantwortung. Und je mehr er erlebte, wie die Logos von Gott als Werkzeug gebraucht wurde, desto mehr konnte er sich auch mit echter Freude und Hingabe seiner Aufgabe auf dem Schiff widmen.

Von den Philippinen aus fuhr das Schiff nach Manado, Indonesien. Das Programm auf den Philippinen war sehr anstrengend gewesen. Die Mannschaft war unterbesetzt und überarbeitet und kämpfte ständig damit, alte Maschinen und besonders die Generatoren betriebsfähig zu halten. Die Spannungen an Bord hatten auch ihren Preis gefordert. Viele waren körperlich und seelisch erschöpft. Die Reise war zu kurz, um sich erholen zu können. Frank Dietz schrieb in sein Tagebuch: »Wieviel können wir noch ertragen?«

Die Antwort war: »Noch viel mehr.« Die Zeit im Hafen von Manado war eine der anstrengensten, die die Logos je erlebt hatte. Mike Wilshire, der immer noch der einzige Line-Up-Mann war, war vorausgefahren, um das Programm zu planen und Bücher in indonesischer Sprache zu bestellen, damit sie für das Schiff bereitstünden. Die Besatzung hatte bis zur Ankunft nichts von ihm gehört.

Mike hatte sehr gute Arbeit geleistet – aber, wie sich später herausstellte, doch nicht gut genug. Das war nicht seine Schuld. Niemand hatte voraussehen können, was sie in Manado erwarten würde. Zwei Tonnen indonesischer Literatur waren für den Besuch nach Manado gebracht worden. Genug für die vier indonesischen Häfen, die auf dem Programm standen, meinte man. Das war jedoch eine große Fehlkalkulation. Lange bevor der zweiwöchige Besuch im ersten Hafen zu Ende war, ging der Vorrat an christlichen Büchern, vor allem an Bibeln und Liederbüchern, zur Neige. Sie waren von der indonesischen Insel Java eingeflogen worden. Dort waren sie jahrelang in Regalen verstaubt. In Indonesien war reichlich christliche Literatur vorhanden; das Problem war, daß die Bücher nicht an den Mann gebracht wurden. Die Menschen hungerten nach Gottes Wort. Als die Bibeln per Luftfracht ankamen, war die Nachfrage so groß, daß die Kisten direkt am Kai aufgerissen wurden. So schnell die Bibeln aus den Kartons herausgenommen werden konnten, so schnell wurden sie auch verkauft.

Christliche Liederbücher waren ebenfalls sehr gefragt. Es herrschte ein solcher Mangel in den Gemeinden, daß man vielerorts zu folgender Vorgehensweise übergegangen war: Ein Gottesdienstbesucher stand auf und las die erste Zeile des Liedes laut vor. Dieser Vers wurde dann von der ganzen Gemeinde gesungen. Dann wurde die zweite Zeile vorgelesen und nachgesungen, und so weiter. Es war verständlich, daß sich die Leute sehnlichst Liederbücher wünschten.

Einmal berichtete eine Indonesierin mit bewegenden Worten, wie sie durch ein Buch, das sie auf der Logos gekauft hatte, zum Glauben gekommen war. Später stellte sich heraus, daß die Logos genau dieses Buch von dem Buchladen ihrer Gemeinde erworben hatte, um es auf dem Schiff zu verkaufen.

Carol Ann Poynor erinnert sich, wie sie mit Hanna, George Mileys Frau, von Haus zu Haus ging: »Wir kamen mit Hühnern, Mangofrüchten und Kaninchen nach Hause, weil die Leute kein Geld hatten.

Wir gingen in ein katholisches Seminar. Der Priester dort sagte seinen Seminaristen, daß sich jeder ein Buch aussuchen dürfe. Alle wählten feierlich das ›Buch Das Wesen Gottes‹ von A. W. Tozer aus. Dann ging der Priester fort. Kaum war er verschwunden, da nahmen sich die jungen Studenten alle schnell ein Buch über Sex, Liebe und Ehe und ließen es hastig in ihren Gewändern verschwinden. Wir hatten nicht genug Exemplare, also lief Hanna schnell zum Bus, um Nachschub zu holen. In der Zwischenzeit war der Priester jedoch zurückgekehrt und die jungen Männer hatten anscheinend kein Interesse mehr an dem Buch.«

Eine zweitägige Pastorenkonferenz an Bord des Schiffes fand so großen Anklang, daß sie auf drei Tage ausgedehnt wurde. Aber selbst drei Tage reichten den Pastoren nicht – sie fragten, ob eine weitere Konferenz abgehalten werden könne. Da man mit mehr als 90 Teilnehmern rechnete (so viele konnte man gerade noch in den Speisesaal der Logos drängen), mieteten sie ein Gebäude an Land und kündigten die Veranstaltung im Radio an. Über 400 Teilnehmer kamen zu der dreitägigen Konferenz. Sie kamen aus allen Konfessionen – angesichts der vielen Spaltungen zwischen den Kirchen eine ganz erstaunliche Sache. So äußerte ein Teilnehmer: »Es ist kaum zu glauben, so etwas hat es ja noch nie gegeben!«

Drei internationale Großveranstaltungen wurden unter freiem Himmel abgehalten, über 20 000 Menschen kamen. Hunderte von Menschen entschieden sich, für Christus zu leben, oder erneuerten ihre Hingabe an ihn.

Das Schiff wurde von freiwilligen Helfern fast überschwemmt. Ungefähr 120 Indonesier halfen bei den verschiedenen praktischen Arbeiten. Manche von ihnen schlossen sich den OM-Teams bei ihren Einsätzen von Haus zu Haus an und erzählten zum ersten Mal in ihrem Leben anderen Menschen von Jesus Christus.

Vier Teams reisten für kurze evangelistische Einsätze in die Dörfer im Inland. Besonders die Inder an Bord waren in den verschiedenen missionarischen Einsätzen wirklich leuchtende Vorbilder. Ein bekannter indonesischer Evangelist sagte seine Reisen auf die Philippinen und nach Korea ab, damit er bei den Missionseinsätzen der Logos mitarbeiten konnte. Werner Jahnke, ein deutscher Missionar, kam mit einem Team von vier Indonesiern von einer Bibelschule auf Java. Auch sie halfen mit. Das Engagement so vieler indonesischer Christen war eine unschätzbare Hilfe.

Fünfzehn Jahre später, im Jahre 1987, besuchte Lloyd Nicholas Manado. Damals war er für die Programm-Koordination bei OM verantwortlich und ging auf Erkundungsreise nach Indonesien. Dabei begegnete er vielen Menschen, die während des Besuches der Logos im Jahre 1972 Christen geworden waren. Sie und andere Christen waren überzeugt, der Beginn des Gemeindewachstums in dieser Gegend hinge unmittelbar mit dem Besuch der Logos zusammen. Lloyd staunte über das aktive Gemeindeleben in Manado. Sonntags strömten die Menschen in die Kirchen, mit der Bibel unter dem Arm. Und wenn man nach den Gottesdiensten die Straßen herunterfuhr, sah man viele kleine Gruppen in den offenen Häusern sitzen und in der Bibel lesen. »So etwas habe ich noch nie gesehen«, meinte Lloyd.

Die unglaubliche Offenheit der Indonesier gegenüber Gottes Wort war ein lebendiges Beispiel für Gottes Wirken. Die Besatzung war gefühlsmäßig und geistlich in Hochstimmung, als sie sich auf die Weiterfahrt zum nächsten indonesischen Hafen vorbereitete. Eine bessere Zeit zum Angriff hätten sich die bösen Mächte nicht aussuchen können.

Diejenigen auf dem Schiff, die nicht zur Mannschaft gehörten, dachten vielleicht, daß nach dem »Zigarrengefecht« alle Spannungen zwischen Decksoffizieren und Ingenieuren ausgeräumt seien – aber dem war nicht so. Die Aufarbeitung zwischenmenschlicher Probleme ist in der Regel ein langwieriger Prozeß, der stets viel Ausdauer erfordert.

»Björn saß oft in unserer Kabine und besprach mit John seine Sorgen wegen des Schiffes«, schrieb Johns Frau. »Stundenlang zerbrachen sie sich den Kopf darüber, wie sie am besten mit all diesen jungen, seeunerfahrenen Menschen umgehen sollten.«

Obwohl sie zutiefst wünschten, daß alles glatt und reibungslos verlaufen solle, traten immer wieder Konflikte auf.

Ein Grund zur Klage seitens der Ingenieure war, daß die Decksoffiziere sie oft nicht informierten, wenn die Maschine nicht mehr gebraucht wurde, obwohl dies auf anderen Schiffen zur Routine gehörte. Die Ingenieure blieben dann unnötig lange einsatzbereit, noch lange nachdem die Decksoffiziere ihre Posten verlassen hatten, und das fanden sie natürlich nicht richtig.

In diesem Fall sollte das Schiff um sechs Uhr früh Manado verlassen. Um vier Uhr hatten die Ingenieure die Maschinen startklar. Um fünf Uhr überprüften sie die Ruderanlage und anderes. Dann wurden sie in halbstündige Betriebsbereitschaft gerufen, d.h., daß sie jederzeit bereit sein mußten, bei Anordnung innerhalb einer halben Stunde die Maschine in Betrieb zu setzen. Sie warteten. Nichts passierte. Keine Anordnungen, keine Erklärungen, nichts. Stunde um Stunde verstrich. Der leitende Ingenieur war empört, daß seine Leute stundenlang warten mußten, stürmte auf die Brücke und verlangte eine Erklärung. Björn verteidigte sich, es sei nicht seine Schuld. Seit dem frühen Morgen erwarte er den Lotsen. Nach einem hitzigen Wortgefecht ließ John den Kapitän unmißverständlich wissen, daß er die Maschine dann haben könne, wenn er, John, dies anordne.

»Der Lotse kann jeden Augenblick kommen«, erinnerte ihn Björn. »Na schön, aber dann bekommt er keine Maschine!« war Johns knappe Antwort.

Völlig außer sich suchte Björn George Miley auf, um mit ihm die Lage zu besprechen. Noch ehe der Lotse an jenem Abend um elf Uhr auftauchte, beschloß George Miley, im Maschinenraum nach dem Rechten zu sehen. Dort traf er nur einen jungen Ingenieur an, der Wache hielt. Sie hatten ein gutes Gespräch, bis sie abrupt unterbrochen wurden von dem Kommando, die Maschinen in Betrieb zu setzen. Die Klingel läutete unaufhörlich, aber der junge Ingenieur machte keine Anstalten zu antworten. Er beugte sich zu Miley und sagte: »Der Chief hat Anweisung gegeben, daß nur er heute nacht das Kommando beantworten wird.«

Sekunden später platzte John in den Maschinenraum, ignorierte aber das laute Klingeln. Der Kapitän telefonierte nach unten, aber niemand nahm das Gespräch entgegen. Ein paar Minuten später kam Kapitän Kristiansen selbst herein und fragte sarkastisch, ob er den Lotsen wieder nach Hause schicken solle. Hitzige Wortgefechte folgten.

Mike Poynor, der gerade zu Bett ging, weil er von vier bis acht Uhr Wache halten mußte, hörte das Klingeln und dachte, im Maschinenraum sei etwas passiert. Er stand auf, zog sich seine Kleider wieder an und ging in den Maschinenraum hinunter. In seiner ruhigen, nüchternen Art nahm er die Sache in die Hand und fragte sachlich: »Nun haben wir schon den ganzen Tag gewartet. Warum fahren wir nicht einfach los?«

Totenstille. Keiner sagte ein Wort. Dann setzte John das Signal auf Bereitschaftstellung. Björn sagte, weil er Christ sei, wolle er nicht weiter streiten und das Schiff jetzt auslaufen lassen. Die Krise war überstanden.

Aber das war nicht das Ende der Geschichte. Am nächsten Tag schrieb Björn in sein Tagebuch: »Hatte ein gutes Gespräch mit John, wir haben zusammen gebetet.«

Es ist nichts Ungewöhnliches, wenn auf einem Schiff Konflikte auftreten. Konflikte sind ein normaler Teil des Lebens, auch bei den eifrigsten Christen. Erstaunlich ist aber, daß Gott die Menschen sogar nach so heftigen Auseinandersetzungen zur Vergebung bereit macht und in ihnen eine tiefe Liebe für den anderen schafft.

John und Björn hatten später noch eine bewegende Begegnung. Als John seinen Dienst auf der Logos beendet hatte, kehrte er nach Sydney, Australien, zurück. In seinem Haus hielt er regelmäßige Gebetsversammlungen ab und rief die Menschen auf, sich von Gott zu einem Dienst auf der Logos oder in andere Bereiche der OM-Arbeit rufen zu lassen. Björn arbeitete, nachdem er die Logos verlassen hatte, als leitender Offizier auf einem Passagierschiff. Eines Tages steuerte er Australien an. John wartete am Kai auf ihn. Die beiden Männer umarmten sich stürmisch. Sie standen da und weinten.

Kommandowechsel

Die unglaubliche Offenheit der Menschen für Gottes Wort dauerte während des ganzen Aufenthaltes in Indonesien an. An Bord wimmelte es nur so von Menschen. In allen Häfen ging es so betriebsam zu wie in Manado, jedoch waren längst alle Bibeln ausverkauft. Während des Aufenthaltes in Ambon traf eine Lieferung von 470 Bibeln und 1200 Neuen Testamenten aus Java ein. Innerhalb von 48 Stunden waren alle verkauft.

Immer wieder kamen Menschen an Bord, die wissen wollten, wie man wirklich Christ wird, und zwar nicht nur dem Namen nach, sondern auf persönliche Art und Weise. Ein paar Theologiestudenten, die bei Evangelisationen mitarbeiteten, erkannten, daß sie selbst noch gar nicht persönlich errettet waren. Sie beteten zusammen mit ihren neuen Freunden auf der Logos und bekehrten sich.

Der dritte Anlaufhafen in Indonesien war Kupang auf der Insel Timor; dort hatte vor Jahren eine Erweckung begonnen. Da die Logos nur über einen Line-Up-Mann verfügte, der jedoch mit den anderen Häfen alle Hände voll zu tun hatte, sandten die Verantwortlichen der Bibelgesellschaft in Kupang ein Telegramm, erklärten den Auftrag des Schiffes und baten die Bibelgesellschaft ein Programm vorzubereiten. Von da an überließ man die Planung ganz den Christen am Ort. Sie leisteten hervorragende Arbeit, wahrscheinlich bessere, als jemand vom Schiff dazu in der Lage gewesen wäre.

In Kupang wurde ein christlicher Anthropologe zu einem Vortrag auf das Schiff eingeladen. Er erläuterte seine Untersuchungen, durch die er herauszufinden suchte, warum von der einstigen Erweckung in Indonesien nichts mehr zu spüren war. Dabei war er auf drei Hauptursachen gestoßen: Verfall der Moral, Materialismus und Stolz. Dies waren dann die Hauptthemen, über die die Logos-Leiter auf Pastorenkonferenzen und anderen Versammlungen von Gläubigen sprachen.

Eines Tages sahen die Männer, die an Deck arbeiteten, eine Prozession auf das Schiff zusteuern. Das war an sich nichts Ungewöhnliches, ständig strömten die Menschen in Scharen zum Schiff. Das Ungewöhnliche an dieser Prozession war der Stier, den die Leute mit sich führten. Als sie die neu errichtete Anlegestelle erreicht hatten, blieben sie stehen. Genau neben dem Hauptpfeiler, der die Anlegestelle stützte, gruben die Männer ein Loch. Dann töteten sie den Stier, trennten den Kopf ab und legten ihn vorsichtig in das Loch, das sie mit Erde zuschütteten. Mittlerweile hatten sich viele OMer auf dem Deck versammelt, sahen dem makabren Ritual fasziniert zu und fragten sich, was das alles zu bedeuten habe. Später erfuhren sie, daß diese Indonesier Animisten waren und den Stier geopfert hatten, damit die Anlegestelle »stark wie ein Stier« werden sollte. Das erinnerte die Logos-Besatzung einmal mehr daran, wie notwendig es war, diesen Menschen die Botschaft von dem einen, wahren Gott zu verkündigen.

Ein Ereignis ganz anderer Art trug sich in Indonesien zu. Der Bootsmann Bernhard Erne strich mit zwei seiner Decksmänner, Ebbo Buurma und Urs Baumgartner, den Steven des Schiffes kurz über der Wasserlinie neu an. Dazu benutzten sie ein kleines Arbeitsboot. Während sie so arbeiteten und sich unterhielten, meinte einer der drei, es sei doch bestimmt lustig, einmal ein bißchen mit dem kleinen Boot zu segeln. Also zogen sie zur Mittagszeit los. Ebbo erinnert sich:

»Wir zogen das Segel hoch und trieben mit rasanter Geschwindigkeit von der Logos weg auf etwas zu, das wie eine Bucht aussah. Es war aber keine Bucht, sondern zwei Inseln, die sich aus unserer Sicht überlappten.

Wir segelten nur ungefähr zehn Minuten und beschlossen dann, zur Logos zurückzukehren. Wir wendeten das Boot, so daß wir den Wind nun voll in unseren Segeln hatten, aber das Boot bewegte sich nicht vorwärts. Es fuhr rückwärts. Wir ruderten wie verrückt, aber das Boot fuhr immer weiter rückwärts. Wir waren in eine sehr schmale Meerenge mit überaus starker Strömung geraten und wurden mit enormer Kraft in die offene See hinausgezogen.

Also ruderten wir auf eine der Inseln zu. Als wir näher kamen, entdeckten wir dort viele große Felsen dicht unter der Wasseroberfläche. Genau in diesem Augenblick sahen wir einen kleinen Hai, der im klaren Wasser unter unserem Boot schwamm. Das machte uns leicht nervös. Wir versuchten, um die Felsen herumzurudern.

Plötzlich entdeckte ich eine riesige Flosse, die aus dem Wasser ragte. Ich bekam einen solchen Schreck, daß ich doppelt so schnell zu rudern anfing und schrie: ›Ein Hai!‹ Urs fiel rückwärts ins Boot. Bernhard, der am Steuer saß, sprang auf und ergriff einen Haken, mit dem er den Hai angreifen wollte, bevor er uns angreifen konnte. Er war riesig, mindestens fünf Meter lang. Dem Herrn sei Dank, daß er wieder verschwand, aber der Schreck steckte uns in den Gliedern.

Wir segelten wieder ins tiefere Wasser. An Bord war ein Anker und ein langes Seil, so ließen wir den Anker herunter und saßen einfach da. Wir krochen unter das Segel und beobachteten die Strömung in der Hoffnung, sie würde sich ändern.

Nach ungefähr vier Stunden unter dem Segel bemerkten wir, daß der Wasserstand erheblich gesunken war und nicht weit von uns ein Landungssteg vor der anderen Insel aus dem Wasser ragte, der vorher unter Wasser gelegen hatte.

Wir ruderten an den Steg und sahen einige Indonesier. Wir riefen, und sie kamen auch, gingen aber wegen der gefährlichen Fische nicht ins Wasser. So warfen wir ihnen das Seil zu, und sie zogen uns an Land.

Um etwa elf Uhr abends meinten sie, daß wir nun wieder losfahren könnten. Unser Boot hatten sie an ihrem Boot befestigt. Als wir die Logos fast erreicht hatten, schenkten wir ihnen als Dank unsere Decksmesser und erklärten ihnen, daß sie uns den Rest der Strecke ruhig alleine rudern lassen könnten. Als wir näher kamen, hörten wir Stimmen auf dem Schiff. Die Besatzung war in heller Aufregung und Sorge, weil niemand wußte, wo wir waren und was mit uns passiert war. Aus dem Dunkeln rief jemand: ›Da sind sie ja!‹ Wir hatten gedacht, wir könnten uns klammheimlich an Bord schleichen, aber das ganze Schiff wartete schon auf uns.«

Von Indonesien aus fuhr die Logos nach Singapur und dann weiter nach Kotschin. Während der Fahrt kündigte Björn Kristiansen George Miley an, daß er in Kotschin das Schiff verlassen wolle.

Diese Ankündigung war nichts Neues. Björn hatte oft erklärt, daß er gehen wolle, hatte dann aber immer dem Drängen der Verantwortlichen, doch noch zu bleiben, nachgegeben. Er hatte ja von Anfang an den Kapitänsposten gar nicht annehmen wollen und hatte sich nur überreden lassen, weil sonst niemand zur Verfügung stand. Kapitän zu sein auf einem Schiff mit nur einer Handvoll erfahrener Seeleute, mitten in einem großen Haufen von Landratten, konnte jeden ans Ende seiner Kräfte bringen. Hinzu kamen die verschiedenartige Herkunft und die unterschiedliche Ausbildung dieser wenigen gelernten Seeleute. Außerdem sollte das Schiff noch einen geistlichen Auftrag erfüllen, von dem keiner genaue Vorstellungen hatte, geschweige denn wußte, wie dieser Auftrag mit dem Leben auf einem Schiff in Einklang zu bringen sei. An allen diesen Dingen wurde noch gearbeitet. Und zu guter Letzt: Björn war als relativ junger Christ an Bord gekommen in der naiven Annahme, nur reife, geheiligte Persönlichkeiten vorzufinden, deren Leben für jeden ein Vorbild sei.

Das Bemerkenswerte an Björn war nicht, daß er all dem entkommen wollte. Das war verständlich. Das Bemerkenswerte war, daß er trotz aller Spannungen und trotz seines wiederholt geäußerten Wunsches zu gehen, seinem Posten treu blieb. Er war an dem Platz, an den ihn Gott gestellt hatte, und er blieb dort, bis Gott ihn freigeben und einen neuen Kapitän senden würde.

Als Björn wieder seinen Wunsch zur Sprache brachte, spürte George Miley, daß vielleicht die Zeit gekommen sei, ihn gehen zu lassen.

»Wenn du denkst, daß du gehen sollst, dann geh«, sagte George. »Wenn Gott möchte, daß die Arbeit der Logos weitergeht, wird er uns einen neuen Kapitän schicken. Wenn er uns keinen schickt, bleiben wir, wo wir sind. So einfach ist das.«

Als das Schiff in Kotschin einlief, ging Björn tatsächlich von Bord. Sein Abschied war das Ende einer Ära der Logos. Die Pionierzeit war vorüber. Jetzt begann die Zeit der Konsolidierung. Björn Kristiansen war Gottes Mann gewesen. Gott hatte ihn an den Platz gestellt, Gott hatte seine Zeit bestimmt. Seine Aufgabe war es gewesen, in jenen turbulenten Tagen im Unbekannten einen Kurs für das Schiff zu finden. Jetzt war es an der Zeit, daß ein ganz anderer Mann das Ruder übernahm.

Als das Schiff in Kotschin einlief, wartete Kapitän Paget am Kai.

George Paget war ein pensionierter britischer Kapitän und war sein ganzes Leben zur See gefahren. Die meiste Zeit hatte er in der Gegend um Indien zugebracht. Ein anderer britischer Kapitän beschrieb ihn so:

»Es kam oft vor, daß mich Christen, die ich in verschiedenen indischen Häfen traf, fragten: ›Kennen Sie Kapitän Paget?‹ Er war auf See und als Mann des Glaubens, der sein Vertrauen in Gott setzte, wohl bekannt. Das vielleicht beste Zeugnis, das ich je über ihn gehört habe, kam von einem Nichtchristen, einem Hindu. Als ich in Bombay ein Examen ablegte, freundete ich mich mit einem jungen indischen Offizier an, weil unsere Namen auf der selben Examensliste standen. Am nächsten Sonntag ging ich auf Pagets Schiff, weil wir miteinander zur Kirche gehen wollten. Auf der Gangway traf ich überraschend meinen neuen Freund.

›Also hier haben sie dich hingesteckt. Was hältst du von dem Schiff?‹ fragte ich ihn.

›Es tut gut, auf diesem Schiff unter dem heiligen Paget zu arbeiten‹, antwortete er. ›Die Aufseher plagen dich nicht, wenn du auf dem Schiff vom heiligen Paget bist. Sie wissen, daß der alles richtig macht. Und außerdem mögen sie seine große, schwarze Bibel nicht, die er ständig liest.‹

Diese Worte aus dem Munde eines Hindu waren für mich ein wunderbares Zeugnis für einen Mann, der ein geradliniges, aufrechtes Leben führte und dem sogar nichtchristliche Direktoren und Aufseher Vertrauen schenkten.«

Kapitän Paget war ein Jahr zuvor gebeten worden, Kapitän Kristiansen während seines Heiratsurlaubes zu vertreten. Paget war ein wenig skeptisch der Logos gegenüber gewesen, hatte sich aber dennoch bereiterklärt, für einige Monate zu kommen. In diesen dreieinhalb Monaten hatte er die Logos und ihre Besatzung lieb

gewonnen. Deshalb stand er in Kotschin am Kai und wartete auf ihre Ankunft. Er wollte das Schiff nur besuchen
– aber mit ein wenig Überredungskunst konnte er dazu
bewegt werden, das Schiff wieder als Kapitän zu übernehmen.

Oft schlurfte der weißhaarige Mann mit schwarzer
Baskenmütze in zerknittertem Anzug durch das Schiff
und machte den Eindruck eines zittrigen alten Mannes.
Der Eindruck täuschte. Kapitän Paget war ein erfahrener alter Seebär und wußte genau, was auf seinem Schiff
vor sich ging. Er hatte alles im Griff. Er kannte alle
Tricks, so daß ihm niemand etwas vormachen konnte,
aber er hatte auch genug Vertrauen in seine Männer, um
ihnen freie Hand in ihrer Arbeit zu lassen. Trotzdem ließ
er sie wissen, daß er immer für sie da war, wenn sie ihn
brauchten.

Immer wenn indische Hafenbeamte an Bord der Logos
kamen und hörten, daß Paget der Kapitän war, änderte
sich sofort ihr Verhalten. Sobald die an Bord kommenden Lotsen auf der Brücke den alten, weißhaarigen Kapitän erblickten, standen sie stramm und grüßten ihn:
»Guten Morgen, Kapitän Paget. Erinnern Sie sich noch
an mich, Sir? Ich habe auf einem Ihrer Schiffe zu der und
der Zeit gelernt…« Es kam kaum ein indischer Beamter
an Bord, der den »heiligen Paget« nicht kannte – jeder
achtete und liebte ihn.

Als älterer Mann hatte er einen größeren Abstand zur
übrigen Mannschaft und gab dem Schiff das Ansehen von
Beständigkeit und Verläßlichkeit, das es so nötig
brauchte. Er murmelte und grummelte zwar immer vor
sich hin, aber in Wirklichkeit liebte er das Leben auf der
Logos. Er kam mit allen gut aus. Besonders die Inder
fanden sich oft in seiner Kabine ein.

Er besaß einen unerschöpflichen Vorrat an Witzen
und besuchte gerne die Familien in ihren Kabinen, um zu

plaudern und seine Witze zu erzählen. Dafür wurde er dann stets mit Kaffee und Kuchen belohnt. Er entwickelte einen unfehlbaren Instinkt dafür, in welcher Kabine die Hausfrau gerade für das wöchentliche Kuchenbacken zuständig war.

Im Herbst 1972 kam wieder die Zeit des Personalwechsels. Die Besatzung betrachtete dieses jährliche Ereignis als Ende eines »Schiffsjahres« und als Beginn eines neuen. Wie im letzten Jahr fuhr das Schiff wieder in den Persischen Golf, um so nahe wie möglich an Europa heranzukommen.

Da der Besuch im Vorjahr so gut verlaufen war, hatte die Besatzung Mut gefaßt, dieses Mal etwas kühner vorzugehen. Als in Dubai der Zensor an Bord kam, um die Bücher der Ausstellung zu überprüfen, bekam er auch einige christliche Bücher zu sehen. Beim ersten Besuch waren solche Schriften nicht öffentlich ausgestellt, sondern nur unter der Hand an Christen weitergegeben worden. Die Mitarbeiter der Ausstellung waren auf die Reaktion des Zensors gespannt. Er reagierte überhaupt nicht. Um die Situation zu klären und um nichts Illegales zu tun, hakten die für die Ausstellung Verantwortlichen wegen der Bücher nach. Er antwortete, daß die Logos keine christliche Literatur verteilen dürfe, das wäre Propaganda. Den Einwohnern dürfe nichts Christliches in die Hand gegeben werden. Die Besucher könnten sich jedoch selbst aus der Ausstellung aussuchen, was sie wollten. In diesem Fall würden sie ja selbst die Initiative ergreifen, und das sei keine Propaganda.

Wie konnte diese Chance am besten genutzt werden? Die Mitarbeiter taten folgendes: Sie stellten einen Tisch auf, auf dem sie jedem, der etwas gekauft hatte, ein Buch gratis dazu anboten. Zwei Bücher standen zur Auswahl: eines mit arabischen Gedichten und eine wunderschöne Ausgabe eines christlichen Buches in arabischer Sprache. Der Vorrat an christlichen Büchern nahm rapide ab, dagegen blieben die Gedichte fast unberührt.

Carol Ann Poynor arbeitete eines Abends noch spät an der Kasse. Sie erschreckte sich fast zu Tode, als plötzlich ein Mann in wallenden Gewändern und einem Patronengürtel um die Brust vor ihr stand. Hinter ihm standen noch zwei weitere Männer.

»Ein Freund von mir hat ein Buch bekommen, wie man Christ wird. Ich will auch eins«, erklärte er.

Carol Ann versuchte, ihre Gedanken zu sammeln und stotterte: »Wir haben diese beiden Bücher hier. Ein Buch mit Gedichten und ein christliches Buch. Wenn Sie das christliche Buch wollen, können Sie es mitnehmen.« Er nahm es.

Von Dubai aus fuhr das Schiff nach Abadan im Iran, wo das Personal ausgetauscht wurde. Dann nach Doha in Katar. Hier konzentrierte sich der Dienst fast ausschließlich auf die ausländischen Christen. Viele Teams nahmen an kirchlichen Veranstaltungen verschiedener Volksgruppen, besonders indischer Gruppen teil. Der Italiener Giovanni Ammirabile hatte einen besonderen Bezug zu den katholischen Priestern, von denen die meisten Italiener oder Spanier waren, so daß er sich mit ihnen verständigen konnte.

Nach Doha kam das Schiff auf Einladung des Ministers für Öffentlichkeitsarbeit, der bereit war, »seinen Kopf hinzuhalten« und das Schiff zu unterstützen. Er tat das unter der Voraussetzung, daß keine christlichen Bücher verkauft wurden. Peter Holmes, der für die Line-Up-Arbeit verantwortlich war, hatte zugestimmt. Diese Bedingung wurde der ganzen Schiffsbesatzung gründlich eingeschärft.

Einige ärgerten sich jedoch über diese Beschränkung. Hier waren sie nun in einem islamischen Kernland und hatten keine Möglichkeit, den Menschen von Jesus Christus zu erzählen. Sicher könnte auf diskrete Art und Weise etwas getan werden. Ein Team von zwei Frauen, die Lehr- und Sachbücher von Haus zu Haus verkauften, steckten ein paar christliche Bücher ganz unten in ihre Büchertaschen nur für den Fall, daß jemand Interesse in dieser Richtung bekunden sollte. Und genau das geschah.

In einem Haus war die Frau, die die Tür öffnete, sehr interessiert. Sie schaute zuerst die Bücher an, und eine lebhafte Unterhaltung entstand. Schließlich kaufte sie ein christliches Buch sowie auch einige Lehr- und Sachbücher. Als ihr Mann mittags nach Hause kam, zeigte sie ihm hocherfreut ihre Errungenschaften und erzählte von dem Besuch. Der Ehemann war der Minister für Öffentlichkeitsarbeit, und er teilte die Freude seiner Frau überhaupt nicht. Sehr verärgert ging er ans Telefon und stellte dem Schiff ein Ultimatum. Es sollte bis um fünf Uhr abends den Hafen verlassen haben.

Die Verantwortlichen des Schiffes waren von diesem Vorfall sehr betroffen und gingen zu dem Minister, um sich zu entschuldigen. Der Verkauf hätte ohne ihr Wissen stattgefunden. Sie bedauerten den Vertrauensbruch zutiefst und versicherten dem Minister, daß Derartiges nicht mehr vorkäme, falls das Schiff weiterhin im Hafen bleiben dürfe.

Der Minister ließ sich aber nur dazu erweichen, das Ultimatum um einige Stunden zu verlängern. Die Logos verließ den Golf Richtung Indien – an Bord eine niedergeschlagene Besatzung und zwei Frauen mit schlechtem Gewissen, die nie mehr besondere Anordnungen mißachten wollten.

Ein Land im Krieg

Weiß glänzte die Logos in der Sonne, während sie dem gewundenen Verlauf des Mekongflusses in Vietnam folgte. Alle Mitarbeiter, soweit sie nicht gerade beschäftigt waren, standen an Deck, um so viel wie möglich von diesem vom Krieg zerrissenen Land zu sehen, über das so oft in den Nachrichten berichtet worden war. Das Gras der Uferböschung war niedergebrannt worden, damit es feindlichen Soldaten keine Versteckmöglichkeit böte. Zwar begann bereits wieder junge Vegetation zu sprießen, dennoch erschien das Land leer und öde. Ab und zu ein ausgebrannter Panzer oder Militärlastwagen – alles erinnerte an den Krieg, der immer noch wütete.

Zu der Zeit war Vietnam ein durch die jahrelangen Kämpfe zerrissenes, geschundenes und zerschlagenes Land. Die Jugend hatte noch nie etwas anderes als Krieg kennengelernt. Zuerst die Kämpfe unter französischer Besatzung, als Vietnam noch zu Indochina gehörte. Die Franzosen zogen sich dann zurück, nur um den Weg für kommunistische Aufständische freizumachen, die Vietkong. Amerikanische Truppen traten auf den Plan, um den Sieg der Kommunisten zu verhindern. Jahrelang unterstützten sie die schwankende Regierung Südvietnams. Endlich zogen sie ab, da die Lage aussichtslos war. Den Vietnamesen blieb nichts als das Warten auf ein ungewisses Schicksal.

Am Spätnachmittag des 2. August 1974 erreichte die Logos Saigon. Sie legte an einem Kai im Zentrum der Stadt an, einer Stadt voll geschäftigem Treiben. Kaum jemand hatte das kleine Schiff bemerkt, das gekommen war, die Botschaft des Friedens und der Hoffnung zu bringen.

Es war ein langer Tag voll neuer Eindrücke gewesen, was die Anspannung der Menschen auf der Logos nicht gerade linderte, als sie in das Kriegsgebiet einliefen. Man hatte ihnen immer wieder versichert, daß zur Zeit in Saigon keine Gefahr für sie bestünde. Mit diesem tröstlichen Gedanken gingen sie an ihrem ersten Abend in Vietnam zu Bett. Plötzlich erzitterte das Schiff durch eine gewaltige Explosion, und alle waren hellwach. Kurz darauf wieder ein ohrenbetäubender Knall, ein paar weitere folgten in regelmäßigen Abständen. Dann Stille. Nur die üblichen Geräusche der Generatoren waren zu hören. Anscheinend war nichts Schlimmes mehr zu befürchten. Die Besatzung legte sich wieder schlafen, allerdings mit einem sehr unguten Gefühl in der Magengegend.

Am nächsten Morgen erfuhren sie, daß nur wie jede Nacht ein Routineeinsatz im Mekongfluß durchgeführt worden war. Bei niedrigem Wasserstand kontrollierte die Sicherheitspolizei um Mitternacht alle Schiffe im Fluß. Dazu tauchten sie unter Wasser, um sicherzustellen, daß an der Unterseite der Schiffe keine Minen angebracht worden waren. Danach warfen sie Wasserbomben in den Fluß. Die Schockwellen sollten jedem Vietkong-Saboteur unter Wasser gründlich das Handwerk verderben. Der Klang war wie der eines Schmiedehammers, der gegen eine Metalltrommel schlägt. Für die Besatzung auf dem Schiff waren die Wasserbomben zwar recht unangenehm, aber nicht gefährlich. Niemand hatte daran gedacht, die Logos-Besatzung von diesen Praktiken in Kenntnis zu setzen.

Am Dienstag wurde der Büchermarkt offiziell eröffnet. Vietnamesische Soldaten mit ihren Gewehren standen in zwei Reihen stramm und bildeten so ein Spalier bis zur Gangway der Logos. Dann fuhr eine schwarze Limousine vor. Der Premierminister von Vietnam stieg aus, ging zwischen den Soldaten hindurch zur Gangway und wurde vom leitenden Offizier aufs Schiff geleitet.

Als die Ausstellung dann der Öffentlichkeit zugänglich gemacht wurde, waren die Logos-Mitarbeiter nicht auf die Menschenmassen vorbereitet. Als sie nun die riesige Menge sahen, die sich noch vor der Eröffnung angesammelt hatte, verließen einige von ihnen das Schiff und versuchten, die Leute auf dem Kai ordentlich durch ein kleines Tor zu lotsen. In all dem Gedränge mißlang dies jedoch völlig. Das Gebiet, in dem Schiffe anlegen konnten, war rechteckig und ragte in den Fluß hinein. An beiden Seiten führte eine Straße entlang, bis zum Anlegeplatz. Zwischen den Straßen lag Wasser, das von niedrigen Stahlträgern überspannt wurde. Die Menschen begannen, über diese Träger zu klettern, um das Schiff zu erreichen. Entsetzt versuchten einige Mitarbeiter des Büchermarktes, sie aufzuhalten, aber das verschlimmerte die Situation nur noch, da die Gefahr bestand, daß Leute ins Wasser gestoßen wurden. Wie froh und erleichtert waren sie, als der Tag ohne Zwischenfall zu Ende gegangen war!

Abends versammelte sich die Logos-Familie zu einer Gebetsnacht. Die chaotische und gefährliche Lage wurde vertrauensvoll in Gottes Hände gelegt, gemeinsam baten sie ihn um sein Eingreifen. Als die Vietnamesen am nächsten Tag zum Büchermarkt kamen, standen sie ordentlich Schlange. Zwar standen zwei Männer von der Logos am Kai und zeigten, wo das Ende der Schlange war, aber im Wesentlichen stellten sie sich ganz von sich aus an. Leute, die lange in Vietnam gelebt hatten, wollten ihren Augen nicht trauen und versicherten der Schiffsbesatzung immer wieder, daß sie noch nie Vietnamesen gesehen hätten, die sich für irgend etwas angestellt hätten.

Einige Zeit vor Ankunft des Schiffes war George Ver-wer nach Vietnam vorausgereist, um zu erkunden, ob ein Besuch überhaupt nützlich sei. Er hatte einen christlichen Buchgroßhandel besucht und hatte dort Regale voller christlicher Bücher in vietnamesischer Sprache gesehen, die offensichtlich schon jahrelang von niemandem mehr in die Hand genommen worden waren.

»Warum werden die Bücher nicht verkauft?« fragte er, und fuhr dann fort: »Wir wollen sie auf dem Schiff verkaufen.« Als die Logos dann ankam, wurden die Bücher an Bord gebracht. George hatte auch mit mehreren Pastoren gesprochen und ihnen einige dieser in Vietnamesisch verfaßten Bücher vorgestellt. Sie hatten sie nie zuvor gesehen.

Bei dem Besucherandrang reichte der Vorrat nicht lange. Ein Mitarbeiter ging in ein kleines Geschäft – immerhin der größte christliche Buchladen in Saigon – und kaufte noch mehr Bücher. Als auch sie verkauft waren, ging er zurück, um weitere Bücher zu kaufen, bis er fast den ganzen Vorrat aufgekauft hatte. Viele Bücher hatten jahrelang in den Regalen gestanden. Während des kurzen Besuches wurden über 17000 christliche Bücher in vietnamesischer Sprache auf dem Schiff verkauft.

Jeden Tag trug ein Mitarbeiter große Taschen voll Geld aus den Buchverkäufen zur Bank. Der Grund für die beeindruckend großen Taschen war jedoch weniger der große Umsatz als vielmehr die Tatsache, daß die Inflationsrate in Vietnam enorm hoch war – sieben, acht, manchmal zwölf Prozent an einem einzigen Tag. Jeden Tag, wenn das Geld auf der Bank in Dollars umgetauscht wurde, war es viel weniger wert. Aus irgendeinem Grund bezahlten die Vietnamesen gerne mit kleinen Scheinen, so daß auch dadurch das Papiervolumen beträchtlich anstieg. Einer der Mitarbeiter des Schiffes, zutiefst beeindruckt von den Kassierern in der Bank, behauptete: »Nirgendwo habe ich Bankangestellte so schnell Geld zählen sehen – außer vielleicht in Indonesien. Mit unglaublicher Geschwindigkeit zählten sie sich durch ganze Berge von Geldscheinen.«

Die Ausstellung war jedoch nur eine der vielen Aktivitäten des Schiffes. Der Leitende Offizier und der Verantwortliche für Öffentlichkeitsarbeit besuchten jedes Kabinettsmitglied der Regierung. Sie berichteten über das Schiff und über ihre persönlichen Erfahrungen mit Jesus Christus. Jeder Beamte erhielt eine schöne moderne englische Bibelübersetzung. Ein hoher Beamter fragte zwei Tage später an, ob er nochmal eine Bibel bekommen könne. Er hatte angefangen, in seinem Büro die Bibel zu lesen und wollte gerne eine zweite für zu Hause. Er hätte noch nie etwas Vergleichbares gelesen. Der Präsident von Vietnam, der dem Schiff keinen Besuch abstatten konnte, bat um eine Liste aller verfügbaren Bücher, um dennoch einige bestellen zu können. Unter anderem suchte er sich das Buch »How to win over worry« (Die Angst überwinden) von John Haggai aus.

Monate vor der Ankunft des Schiffes waren Peter Conlan und der Kanadier Warwick Cooper nach Saigon vorausgereist, um den Einsatz vorzubereiten. Sie hatten die Pastoren am Ort und andere vietnamesische christliche Leiter und Missionare eingeladen, ein Komitee zu gründen, um mit ihnen zusammen ein den Bedürfnissen der Vietnamesen entsprechendes Programm zu erstellen. Mit Feuereifer stiegen die Christen in die Arbeit ein. Peter reiste weiter zum nächsten Anlaufhafen und überließ seinem weniger erfahrenen Kollegen die Verhandlungen. Natürlich verstand der kein Wort Vietnamesisch. Sein Dolmetscher war manchmal mit einem solchen Eifer dabei, daß er selbst die Gesprächsführung übernahm und Warwick nur ab und an über den Gesprächsverlauf unterrichtete. Das war für Warwick natürlich sehr frustrierend, denn letztlich trug er ja die Verantwortung! Auch die Regierungsbeamten waren äußerst entgegenkommend. Zwanzig hohe Regierungsbeamte arbeiteten sogar zwei volle Vormittage mit dem Komitee, damit es alle notwendigen Genehmigungen erhalten konnte.

Ein wesentlicher Teil des Programms bestand wie gewöhnlich aus Veranstaltungen: Veranstaltungen an Deck, Essen und Empfänge für die verschiedensten Gruppen, für Bankbeamte, christliche Leiter, Ärzte und indische Geschäftsleute, Konferenzen für Pastoren, Missionare, Jugendliche und junge Christen sowie Führungen für Schulklassen. Und auch Veranstaltungen an Land: Teams von der Logos besuchten die Universität, Schulen, Waisenhäuser, Krankenhäuser und Gemeinden. Sowohl die Offiziere wie auch die jungen Mitarbeiter berichteten über das Leben an Bord und ihre persönlichen Erfahrungen mit Jesus Christus. Die Offiziere, die auf ihrem Gebiet Experten waren, fühlten sich oft fehl am Platze, wenn sie vor vielen Zuhörern reden sollten, und auch für die jungen Leute war es eine völlig neue Erfahrung. Sie waren nervös, stotterten, und ihre Stimmen zitterten. Aber gerade dadurch wirkten sie ehrlich und berührten die Herzen der Menschen. Sie ratterten nicht gekonnt wohlklingende fromme Phrasen herunter. Sie sprachen als gewöhnliche Menschen von Dingen, die für sie Wirklichkeit waren. Und das spürten die Zuhörer, und es weckte in ihnen den Wunsch, die gleiche Erfahrung zu machen und Sinn und Wegweisung für ihr Leben zu finden. Das Leben vieler Menschen bekam hier eine neue Richtung.

Für Gemeindebesuche nahmen die Teams in der Regel eine Auswahl christlicher Bücher mit. Eines Sonntags kümmerte sich die junge Finnin Anneli Dietz nach dem Gottesdienst um den Büchertisch. Ein junges vietnamesisches Mädchen kam schüchtern auf sie zu und wollte mehr über das Schiff wissen. Anneli plauderte ein wenig mit ihr und lud sie ein, doch einmal das Schiff zu besuchen. Ein paar Tage später kam sie, allerdings zu einer überaus ungünstigen Zeit kurz vor dem Mittagessen. Anneli begrüßte sie und zeigte ihr eilig das Schiff, weil sie nicht zu spät zum Mittagessen kommen wollte. Plötzlich wechselte das Mädchen das Thema und sagte ganz direkt: »Das Schiff interessiert mich gar nicht so sehr, in Wirklichkeit möchte ich etwas über Jesus Christus wissen.«

Anneli schämte sich für ihre Eile und holte rasch noch eine Finnin hinzu, die sich besser verständigen konnte, weil sie Französisch sprach. Die beiden verbrachten viel Zeit mit dem Mädchen und erklärten ihr, was Jesus für sie getan hatte: daß er ihr ein Leben frei von Schuld anbot, ein sinnvolles und verantwortliches Leben. Schließlich betete die junge Vitnamesin und vertraute sich und ihre Zukunft Jesus Christus an.

Jeden Abend fand auf dem Kai neben dem Schiff eine evangelische Veranstaltung statt. Der Taschenbibelbund stellte die technischen Geräte zur Vorführung von Moody-Filmen zur Verfügung. Dabei handelt es sich um wissenschaftliche Filme mit einer christlichen Botschaft. In Scharen strömten die Menschen Abend für Abend zum Schiff. Da es kurz nach sechs Uhr dunkel wurde, konnten die Filme im Freien gezeigt werden. Die Bordwand diente als Großleinwand und war für jeden leicht zu sehen. Zwei bis drei Stunden dauerten die Filme, anschließend wurde deren Botschaft von einheimischen Christen noch genauer erklärt. Einige Zuschauer entschlossen sich, Nachfolger von Christus zu werden. Sie wurden zu wöchentlichen Veranstaltungen eingeladen, die für die Zeit nach der Abfahrt des Schiffes geplant waren. In diesen Veranstaltungen wurde der christliche Glaube durch entsprechende Lehre vertieft.

Jeder Besucher der Logos erhielt ein Evangelium und ein vietnamesisches Traktat mit dem Titel »Was ist die Logos?«, das eigens für diesen Zweck gedruckt worden war. Die Logos-Mitarbeiter verteilten auch viele andere evangelistische Traktate mit der Botschaft von Jesus Christus auf der Straße. Außerdem waren zwei besondere »Traktatwochenenden« angesetzt, an denen sich ein großer Teil der Besatzung zusammen mit einheimischen Christen beteiligte. Auf diese Weise konnten die Leute von der Logos ohne Dolmetscher die Botschaft weitersagen.

Carol Ann Poynor ging jeden Morgen mit ein paar anderen Frauen vom Schiff zum Markt. Die Hauptstraße Saigons verlief genau am Fluß entlang und damit ganz in der Nähe vom Schiff vorbei. Sie brauchten nur die Anlegestelle zu überqueren und dann nach links abbiegen, schon waren sie mitten in dem Gewimmel des Marktes. Es gab einfach alles zu kaufen: Vietkong-Uniformen, französische oder amerikanische Uniformen, Kaffee vom Schwarzmarkt oder Radios, einfach alles, was das Herz begehrte. Carol Ann und ihre Freundinnen verkauften »Evangeliumspäckchen«. Sie erzählte: »Die Päckchen sollten fünfzig Dong kosten. Nun ist Vietnamesisch eine Tonsprache, und ich habe Schwierigkeiten bei der Unterscheidung von Tonhöhen. Später fand ich heraus, daß ich die Päckchen für 500 Dong anstatt für fünfzig angeboten hatte. Trotzdem verkauften wir eine Menge davon.«

Insgesamt gelangten 500 000 Traktate, Broschüren und Evangelien, die alle von einheimischen christlichen Organisationen gespendet worden waren, in die Hände der Einwohner von Saigon.

Während der letzten Woche ihres Aufenthaltes konnte ein Team der Logos nach Phnom Penh fliegen. Der

144

Besuch wurde zu einem unvergeßlichen Erlebnis: Kambodscha befand sich damals ebenfalls im Kriegszustand. Dennoch hörten die Menschen zu der Zeit dem Evangelium in einer nie gekannten Offenheit zu. Tausende sogar buddhistische Mönche bekehrten sich zu Christus. Die Hauptaufgabe des Teams bestand darin, eine fünftägige Schulungskonferenz für junge Christen durchzuführen. Die Themen der Vormittagsveranstaltungen waren: Die Bibel, Gebet, Liebe, Nachfolge und Evangelisation. Am Nachmittag war Gelegenheit, an praktischen Einsätzen teilzunehmen. Es wurden Traktate verteilt, Bücher verkauft und unter freiem Himmel gepredigt. »Zur ersten Veranstaltung«, schreibt George Miley, »erschienen vier Mönche in wallenden Gewändern. Am zweiten Tag dieser eigentlich nicht evangelistischen Konferenz kam ein Mönch zum Glauben an Jesus Christus. Mönche baten uns um Bibelstunden. Ein anderer Mönch, der sich auch bekehrt hatte, blieb in seiner Pagode und erzählte den anderen Mönchen, was für eine Wende er in seinem Leben erlebt hatte: ›Ich bin ein Mönch für Jesus‹, sagte er.«

Obwohl das Programm sehr dicht gedrängt war, bestand das Leben der Besatzung nicht nur aus Arbeit es gab auch Zeiten der Erholung. Viele wurden in die Häuser einheimischer Christen eingeladen. Das vietnamesische Komitee, das den Besuch der Logos vorbereitet hatte, hatte Rundfahrten organisiert. Busse kamen ans Schiff und holten alle ab, die nicht arbeiten mußten. Dann zeigte man ihnen die verschiedenen Sehenswürdigkeiten, z.B. die Fabriken, in denen Seidengewebtes oder lackierte Bilder aus Eierschalen hergestellt werden. Die Sandsäcke am Straßenrand erinnerten immer wieder daran, daß Krieg war. Täglich waren entfernte Schüsse zu hören. Täglich sah man auch blumengeschmückte Lastwagen mit den Leichen der Soldaten, die an der

Front gefallen waren. Als der Bus an den Sandsäcken vorbeifuhr, erklärte der Reiseleiter freundlich, daß wir uns nur über die Sandsäcke zu beunruhigen bräuchten, wenn aus ihnen Sand herausrieselte. Die seien dann nämlich von Kugeln durchlöchert worden.

Als der Besuch der Logos zu Ende ging, sprach ganz Saigon von dem Schiff und der Botschaft, die es verkündigt hatte. Die ausführliche Berichterstattung in Radio, Fernsehen und Zeitung, die Plakate, die Veranstaltungen, persönliche Kontakte, der interessante Büchermarkt, alles hatte dazu beigetragen, die Logos zum Tagesgespräch werden zu lassen. Reginald Reimer, ein Missionar, der viele Jahre in Vietnam gearbeitet hatte, schrieb: »Das Evangelium wurde mehr als je zuvor zum Thema in der Öffentlichkeit.« Die Menschen waren unglaublich offen für die Botschaft von Jesus Christus, viele vertrauten ihr Leben Christus an.

Die örtlichen Gemeinden waren in erstaunlicher Weise enger zusammengewachsen, weil Christen unterschiedlichen Alters und unterschiedlicher Gruppen – manchmal unter großen Opfern – zusammengearbeitet hatten, um den Besuch der Logos zu einem Erfolg werden zu lassen. Durch das Schiff war diese kleine, christliche Minderheit auf eine gewinnende Art und Weise ins Bewußtsein der allgemeinen Öffentlichkeit gerückt worden. Die Gemeinde bekam ein neues Selbstbewußtsein und Mut, mehr auf die Menschen in ihrer Nachbarschaft zuzugehen.

Der Besuch hatte das Leben der Vietnamesen und das der Logos-Mitarbeiter bereichert. Sie hatten einander kennengelernt, und ihre Augen waren für eine neue Welt geöffnet worden. Die Männer und Frauen der Logos hatten von den Vietnamesen sehr viel Liebe und Großzügigkeit erfahren.

Am letzten Abend des Aufenthaltes in dem Hafen kamen einige vietnamesische Frauen an Bord und kochten für die ganze Besatzung ein köstliches Essen. Als am nächsten Tag, dem 27. August, die Logos die Leinen losmachte, um den Hafen zu verlassen, winkten zum Abschied Hunderte von neuen Freunden am Kai. Als das Schiff vom Kai ablegte, stimmten die Menschen am Ufer ein Lied an. Die Logos-Besatzung antwortete ebenfalls mit einem Lied.

Acht Monate später wurde Saigon von den kommunistischen Truppen eingenommen. Viele, die als Besucher auf die Logos gekommen waren, unter ihnen auch Pastoren und Regierungsbeamte, verloren ihr Leben. Und für viele andere Menschen begann eine Zeit unvorstellbaren Leides und großer Entbehrungen.

Im Mai 1987 kehrte Peter Conlan noch einmal nach Saigon (heute Ho-Chi-Minh-Stadt) zurück. Er stellte fest, daß die Logos bei vielen immer noch in guter Erinnerung war. Eines Morgens besuchte er eine Bücherei und entdeckte einige Bücher aus dem Westen.

»Woher kommen diese Bücher?« fragte er überrascht. »Ja wissen Sie, da gab es mal ein Bücherschiff, das hieß Logos, das kam 1974 hierher...«

Nicht ohne Gefahr

Es ist erstaunlich, daß sich in den siebzehn Dienstjahren der Logos keine schweren Unfälle ereigneten. Zum Teil mag das an den strengen Sicherheitsbestimmungen gelegen haben, die von allen auf dem Schiff eingehalten werden mußten. Die Besatzung war sich aber auch immer bewußt, daß Hunderte von Gebetspartnern auf der ganzen Welt ständig im Gebet für sie eintraten und Gott baten, Gefahr von ihnen fernzuhalten.

Gelegentlich ließ Gott jedoch Schwierigkeiten und sogar Gefahren zu, damit die Besatzung daraus lernen sollte. Als die Logos im Dezember 1975 in den Hafen von Istanbul einlief, kollidierte sie mit einer Fähre. Die Fähre hatte die Vorfahrt der Logos mißachtet und versucht, noch schnell vor dem Schiff vorüberzukommen, obwohl dazu nicht genügend Platz vorhanden war.

Manfred Schaller stand auf der Back der Logos, denn er wollte das Einlaufen in den Hafen genau mitverfolgen. Er sah, wie die beiden Schiffe immer näher aufeinander zufuhren und dachte: »Das kann doch nicht wahr sein. Dies ist Gottes Schiff. Es kann doch keinen Unfall geben.« Mehrere Passagiere der Fähre gerieten in Panik und sprangen von Bord, bevor die Kollision beide Schiffe abrupt zum Stillstand brachte. Die Fähre wurde an ihrer Breitseite direkt hinter dem Maschinenraum gerammt. Da die Logos sehr langsam fuhr, wurden nur die hölzernen Aufbauten der Fähre beschädigt. Sie bekam keine Schlagseite und drohte nicht zu sinken.

Sofort warf die Mannschaft der Logos den Passagieren, die ins Wasser gesprungen waren, Schwimmwesten zu. Ein Motorboot, das gerade in der Nähe war, zog sie aus dem Wasser. Niemand wurde verletzt. Trotzdem stellte der Eigentümer der Fähre Schadensersatzansprüche.

Da die Türkei ein islamisches Land ist und dem christlichen Glauben sehr ablehnend gegenübersteht, verhielt die Besatzung der Logos sich sehr zurückhaltend. Nur in persönlichen Gesprächen erzählten sie von ihrem Glauben an Jesus Christus. Sprachkurse und kulturelle Veranstaltungen boten Möglichkeiten, auf natürliche Art und Weise Kontakte zu türkischen Bewohnern herzustellen und Freundschaften zu schließen. Die herausragenden Ereignisse dieses Besuchs in der Türkei waren jedoch die folgenden beiden:

Der Amerikaner Frank Fortunato war für die musikalischen Einsätze des Schiffes verantwortlich. Kurzzeitig hatte er die Logos verlassen. Als er dann zum Neujahrstag zurückkehrte, wollte er seinen Augen nicht trauen: In der Stadt hingen Plakate und Transparente, die zu einem Konzert des Logos-Chores unter der Leitung von Frank Fortunato einluden! Die Veranstaltung wurde von einer führenden Tageszeitung unterstützt. Das war eine großartige Gelegenheit! Die Sache hatte nur einen kleinen Haken: Es gab gar keinen Logos-Chor!

Frank stellte sich der Herausforderung. Was blieb ihm auch anderes übrig? Drei Tage hatte er Zeit, ein Konzertprogramm auszuarbeiten. Frank stellte einen Chor mit dreißig Sängern zusammen und übte viele Stunden mit ihnen. Es war jedoch unmöglich, in so kurzer Zeit genug Lieder für ein anderthalbstündiges Programm einzustudieren. Weitere Möglichkeiten mußten gefunden werden, den Abend zu gestalten. Jemand schlug kulturelle Darbietungen vor. Auf dem Schiff waren doch ungefähr dreißig Nationalitäten vertreten, die Volkstänze oder andere für ihre Heimat typische Darbietungen vorführen könnten. Die Idee wurde ein solcher

Erfolg, daß sie fest als »Internationaler Abend« ins übliche Programm der Logos aufgenommen wurde – diese Veranstaltungen gehörten bald zu den beliebtesten in den Häfen.

Der kleine Saal an Land, der 300 Besuchern Platz bot, war bis auf den letzten Platz besetzt. Unter den Chorliedern waren auch einige, die jedem, der Englisch verstand, klar das Evangelium verkündigten. Der Erlös aus den Eintrittskarten wurde einem Waisenhaus geschenkt. Das Konzert fand solchen Anklang, daß eine Wiederholung im Speisesaal des Schiffes angeboten wurde – auch diesmal war der Raum restlos überfüllt.

Ein weiteres denkwürdiges Ereignis fand an Silvester statt. 75 armenische und griechische Gläubige kamen mit einigen türkischen Gläubigen unauffällig an Bord. Sie wurden auf verschiedene Kabinen aufgeteilt, damit sie mit Logos-Familien Gemeinschaft haben konnten. Danach kamen Besucher und Besatzung zu einer langen Zeit des Gebets und der Anbetung zusammen und erlebten gemeinsam den Wechsel vom alten ins neue Jahr. Für die Logos-Besatzung war das ein bewegender Augenblick, denn ihnen wurde klar, daß die wenigen Christen, die aufs Schiff gekommen waren, bereits ein großer Teil aller Gläubigen in der ganzen Türkei waren. Einige dieser Christen erzählten, was für eine Ermutigung es für sie sei, eine Gemeinschaft von 142 Mitchristen einen Monat lang auf einem Fleck in ihrer Stadt zu wissen.

In der Zwischenzeit zog sich der Rechtsstreit über die Schadensersatzansprüche der Eigentümer der Fähre in die Länge. Die Logos war zwar offensichtlich im Recht, aber um diese Tatsache zu beweisen, hätte ein langwieriger und teurer Prozeß angestrengt werden müssen, und die Logos war nicht versichert. Val Grieve, der englische Rechtsanwalt und Vorsitzende der »Educational Book Exhibits« (EBE), flog mit einem Vorstandsmitglied nach Istanbul. Sie rieten, die Dienste eines guten türkischen Rechtsanwalts in Anspruch zu nehmen und den Schadensfall ohne Prozeß zu regeln, um Zeit und Kosten zu sparen. Beides wurde getan, doch dauerte es lange, bis man sich geeinigt hatte. Schließlich waren die Eigentümer der Fähre mit der Hälfte des ursprünglich geforderten Betrages einverstanden. In der Zwischenzeit war der Wert der türkischen Lira drastisch gesunken, so daß letztlich die Anwalts- und Schadensersatzkosten nur etwa ein Achtel der ursprünglich geschätzten Summe betrugen.

Warum war die Logos nicht versichert? Wegen der Kosten. In den fünf Jahren bis zu diesem Zusammenstoß hätte das Schiff bereits ca. 320 000 DM Versicherungsprämien zahlen müssen. Trotzdem wurde durch den Unfall die Versicherungsfrage wieder aktuell. Der EBE-Vorstand prüfte erneut die Konditionen verschiedener Versicherungsgesellschaften, und da man in der Zwischenzeit mehr Erfahrung auf dem Gebiet der Schiffahrt und mehr Kontakte hatte, fand man eine preisgünstige Versicherungsgesellschaft. Man beschloß, eine Haftpflichtversicherung abzuschließen, die alle Schäden deckt, die einem anderen Schiff zugefügt werden, sowie alle Kosten, die durch Umweltverschmutzung oder die Sperrung von Fahrrinnen entstehen. Eine Versicherung für den Fall des Verlustes des Schiffes selbst war so teuer, daß für die Summe, die allein für einige Jahresprämien hätte aufgebracht werden müssen, die Logos mehrfach hätte gekauft werden können. Der EBE-Vorstand hielt deshalb diese Ausgabe – wie viele andere kleinere Schiffseigentümer auch – für unrentabel.

Bald nachdem der Rechtsstreit in der Türkei geregelt war, kam die Logos in andere, wesentlich dramatischere Schwierigkeiten. Sie hatte den größten Teil des Jahres 1976 in Europa zugebracht und war nun wieder auf dem

Weg nach Asien. Ihr Kurs führte sie durch den Golf von Biscaya, der wegen seiner Stürme berüchtigt ist. Aufgrund starken Windes hatte sich die Abfahrt von England nach Spanien an jenem Novembertag um einige Stunden verzögert. Nach einer leichten Wetterbesserung stach die Logos dann in See. Zwei Tage hätte die Reise dauern sollen – vier Tage wurden es dann, vier lange Tage.

Die leichte Wetterbesserung war nur eine vorübergehende Flaute gewesen. Nun brach der eigentliche Sturm los, der schlimmste seit elf Jahren. Die Meteorologen warnten vor einem Orkan mit Windstärke 12 – Orkanstärke. Kapitän Paget versuchte dem Schlimmsten zu entgehen, indem er vom geplanten Kurs nach Westen abwich. Dennoch, die Wogen türmten sich bis zu einer Höhe von ungefähr zwanzig Metern auf. Dave Hicks, der damals Schiffsdirektor war, erinnert sich: »Ich stand mit Kapitän Paget auf Deck. Manchmal befand sich der Bug des Schiffes ganz unten im Wellental und die Kommandobrücke auf gleicher Höhe mit dem Wellenkamm.«

Für die Neulinge, die erst einige Wochen an Bord waren, war diese Einführung in das Schiffsleben sehr hart. Ein großer Teil der Besatzung und sogar der Mannschaft war zeitweise nicht imstande, das Bett zu verlassen. Die Zahl derer, die zu den Mahlzeiten erschienen, schrumpfte immer mehr zusammen, bis am Schluß nur noch zehn tapfere Krieger – oder besser gesagt: zehn Glückspilze – übrigblieben, denen der Sturm nichts ausmachte. Sie fanden das Ganze aufregend. Auch die Kinder amüsierten sich im Gegensatz zu den meisten Erwachsenen prächtig: Während das Schiff rollte und stampfte, konnte man auf dem Innendeck prima hin- und herrutschen.

Das Schiff rollte und stampfte, tanzte auf und ab wie ein Ball auf dem Wasser. Die Schotten des Schiffs knirschten und ächzten unter dem Druck, als ob das Ende gekommen sei – Geräusche, die gewiß nicht gerade beruhigend auf die Schiffsneulinge wirkten. Die meisten hatten nur einen Wunsch: die endlos scheinenden Stunden, die noch vor ihnen lagen, zu überstehen. Immer wieder kamen diese Wellen der Übelkeit, die ihnen alle Lebensfreude nahmen.

Aber nicht nur die Menschen bekamen die Auswirkungen der entfesselten Elemente zu spüren. Auch das Schiff selbst wurde schwer gebeutelt. Die Büros sahen aus wie nach einem Wirbelsturm. Möbel waren umgestürzt, einige zerbrochen. Bücher wurden aus den Regalen gefegt. Überall lag Papier verstreut.

Am meisten Schaden richtete der Sturm im Bücherlager an. Gerade waren neue Regale gekauft und montiert worden, aber sie brachen unter dem Gewicht der Bücher zusammen. Durch die Bewegungen des Schiffes waren die Kisten zu Boden gestürzt, der Laderaum war ein einziges Chaos.

Innerhalb weniger Stunden empfing der Funkoffizier mehrere Notsignale von kleineren Schiffen, die bis zu 370 Kilometer entfernt waren. Trotzdem war es mehr als 24 Stunden lang nicht möglich, George Verwer in England über Funk zu erreichen. George war in allergrößter Sorge und fürchtete, jeden Moment könne die Nachricht vom Untergang der Logos kommen – seine Angst wurde durch die Berichte über die Heftigkeit des Sturms und über Schiffe in Seenot durchaus nicht geringer. Wie später bekannt wurde, waren tatsächlich einige Schiffe im Golf von Biscaya gesunken oder auf Grund gelaufen.

Schließlich gelang es den Logos-Leuten, mit Hilfe eines französischen Zwischensenders George die Nachricht zu übermitteln, daß abgesehen von Ladungsschäden alles in Ordnung sei. In all der Aufregung strahlte Kapitän Paget Ruhe und Gelassenheit aus. Sollte sich das

Schiff tatsächlich in Gefahr befunden haben, so hat er das jedenfalls nie erkennen lassen. Er war der ruhende Pol der gesamten Besatzung.

Schließlich ließ der Sturm nach. Die Logos nahm Zuflucht in Vigo in Spanien, und man reparierte die Schäden.

Ab Dezember 1977 war die Logos nicht mehr das OM-Schiff, sondern eines der OM-Schiffe. OM hatte ein älteres und größeres Schiff der Costa Line in Italien erworben und Doulos getauft. Das brachte neue Schwierigkeiten für die Logos-Besatzung: Viele ihrer besten Leute wurden auf das neue Schiff geschickt, um dort die Arbeit aufzubauen. Mit diesen erfahrenen Leuten an Bord fuhr die Doulos nach Südamerika, während die Logos mit vielen neuen und unerfahreneren Besatzungsmitgliedern weiterhin Asien bereiste.

Auf der Logos mit ihrer 140-köpfigen Besatzung an Bord war es schon immer ein Problem gewesen, daß sich die Ledigen oder die schüchtern Veranlagten oft in der Menge verloren vorkamen. Daß nun so viele neue Gesichter auf dem Schiff auftauchten, verschärfte diese Schwierigkeit nur noch. Direktor David Hicks hielt es für dringend notwendig, daß sich jeder zu einem überschaubaren Kreis zugehörig fühlen konnte, und teilte deshalb die Besatzung in kleine Gruppen auf. Jeder auf dem Schiff wurde einer solchen Gruppe, einer »Schiffsfamilie«, zugeteilt. In jeder Gruppe war ein Ehepaar, die dann so etwas wie »Eltern« waren. Jede »Familie« war aus Leuten verschiedener Rassen und Kulturen sowie verschiedenen Geschlechts bunt zusammengewürfelt. Das Ziel war, Dinge gemeinsam zu tun wie eine normale Familie auch. Man traf sich in einer Kabine zum Gebet oder zum Plaudern bei einer Tasse Kaffee. Oder die »Familie« unternahm einen Ausflug an Land. Geburtstage und andere besondere Anlässe waren immer willkommene Gelegenheiten für Familienfeiern.

Im Juli 1978 hatte die Logos Kilung in Taiwan erreicht. Am 26. Juli wurde Adrian Kirk neun Jahre alt. Als man ihn fragte, wie seiner Meinung nach seine Schiffsfamilie den Tag feiern sollte, antwortete er: »Mit einem Strandfest!«

Das schien allen eine gute Idee zu sein. Verschiedene Plätze wurden in Erwägung gezogen, und ein Einheimischer bot sich an, die Gruppe zu einem in der Nähe gelegenen Strand zu führen. Zwei Mitglieder der Schiffsfamilie hatten Dienst und konnten nicht mit, aber der Rest machte sich um 14.00 Uhr in bester Stimmung auf den Weg und freute sich auf den nachmittäglichen Ausflug – ein Ausflug, der tragisch enden sollte.

Der Strand bestand nicht aus feinem Sand, wie sie es sich vorgestellt hatten, sondern aus steinigem Fels. Weiter unten am Strand entdeckte die Gruppe jedoch faszinierende Felsgebilde, die Wind und Wellen im Laufe der Jahre hatten entstehen lassen. Dort wollten sie picknikken. Der Weg war uneben und führte durch hüfttiefes Wasser. Drei der Männer gingen mit den Taschen voraus, während die anderen zurückblieben und den Frauen und Kindern durch das Wasser halfen. Als die ersten drei Männer am Picknickplatz angekommen waren, stellten sie vorsichtig ihre Taschen ab, zogen ihre Badesachen an und steuerten auf einen der großen Felsen direkt am Wasser zu. Als der Einheimische, der seine Hilfe als Führer angeboten hatte, das bemerkte, begann er wie wild auf Mandarin zu schreien – einer Sprache, die keiner der drei verstand. Was nun folgte, war ein Alptraum.

Einer der Logos-Männer, der bei den Frauen und Kindern geblieben war, verstand Mandarin und erklärte rasch, daß es da, wo sich die drei Männer befanden, gefährlich sei. Sie sollten auf der Stelle umkehren. Die

Gruppe winkte und schrie wie verrückt, um die Aufmerksamkeit der Männer zu erregen und sie zur Rückkehr zu bewegen. Herbert Wagner war bereits im Wasser, David Greenlee und Abel Ventura Castro drehten jedoch um. Genau in diesem Augenblick wurde Abel von einer großen Welle erfaßt und vom Felsen geschleudert.

Tony Kirk, der »Familienvater«, nahm an, daß Abel Richtung Land geschwemmt worden und nicht mehr in Gefahr war. Ohne Eile machte er sich auf den Weg zum Felsen; doch was er dort sah, ließ ihm das Blut in den Adern gerinnen: Zwischen zwei großen Felsen verlief eine tiefe Wasserrinne. Herbert und Abel waren beide in diese Rinne gerissen worden und befanden sich offensichtlich in großer Not.

Hastig blickte sich Tony nach etwas um, was er ihnen entgegenstrecken könnte. Sein Blick fiel auf eine kurze Bambusstange. Das war nicht viel, aber indem er sich auf den Felsen kauerte und die Stange so weit wie möglich ausstreckte, konnte Herbert sie ergreifen und sich damit an Land ziehen. Als er gerade aus dem Wasser kletterte, wurde Tony die Stange aus der Hand gerissen und war verloren, aber Herbert war in Sicherheit.

Abel befand sich auf der anderen Seite der Wasserrinne. Die Gruppe rief, er solle zurückschwimmen, aber er reagierte überhaupt nicht. Innerhalb von Minuten wurde er von der Strömung aus der Rinne heraus außer Reichweite getrieben. Sie riefen und schrien aus Leibeskräften, gestikulierten wild und versuchten, ihn dazu zu bewegen, nach links zu schwimmen, wo er besser aus dem Wasser kommen konnte. Keine Reaktion. Sie fanden eine zweite, größere Bambusstange, die sie zu ihm ins Wasser warfen. Abel reagierte immer noch nicht, obwohl einer der Männer in Spanisch rief, seiner Muttersprache. Auf seinem Gesicht war nicht das geringste Anzeichen von Panik zu erkennen. Nur ein friedlicher, leicht verdutzter Blick. Weder winkte noch schrie er, noch schlug er um sich; ganz ruhig schwamm er im Wasser. (Später wurde vermutet, daß er sich durch den Sturz vom Felsen eine Gehirnerschütterung zugezogen hatte.) Die großen Wellen bedeckten ihn über immer längere Zeiträume hinweg, bis er das Bewußtsein verlor und mit dem Gesicht nach unten im Wasser trieb.

Weiter unten an der Küste hatten ihn zwei einheimische junge Männer gesehen und waren ins Wasser gesprungen, um ihn zu retten. Sie waren sehr kräftige Schwimmer und kannten das Gewässer gut, so daß sie ihn erreichen konnten. Aber als sie ihn an Land ziehen wollten, wurden sie von den Wellen erfaßt und an die Felsen geschleudert, wodurch sie sich schwere Schnittwunden zuzogen. Abel driftete ab.

Fünfzehn Minuten später wurde er an einer seichten Stelle weiter unten an der Küste aus dem Wasser gezogen. Zu dem Zeitpunkt war er länger als dreißig Minuten im Wasser gewesen. Alle Wiederbelebungsversuche waren vergeblich. Abel war bei dem Gott, den er liebte.

Tonys Frau Ann versuchte, ihren Kindern den Anblick des Toten zu ersparen, aber das war nicht möglich. Dann rief Tony ein Taxi, das die Frauen und Kinder zurück zum Schiff brachte. Dort kauerten sie sich in der Kabine von Kirks zusammen, entsetzt und wie betäubt, kaum in der Lage, einen klaren Gedanken zu fassen. Immer wieder liefen die Ereignisse des Tages wie ein Film vor ihrem inneren Auge ab.

Adrian und seine Schwester Helen waren es schließlich, die die Frauen aus ihrer dumpfen Verzweiflung herausrissen. »Warum seid ihr so traurig?« fragten sie. »Abel ist jetzt bei Jesus. Das ist der schönste Ort auf der ganzen Welt.«

»Wie wahr das ist«, dachte Ann. »Wir sind nach Taiwan gekommen, um von unserer Hoffnung weiterzusagen, und nun hocken wir hier in Verzweiflung, Entsetzen und Unglauben herum.«

Das Fest wurde fortgesetzt, aber es war ein ruhiges Fest. Sie dankten Gott für Abel, der bereit gewesen war, seine Heimat und Familie in Mexiko zu verlassen, um anderen weiterzuerzählen, was ihm selbst das Wichtigste war.

Bei David Greenlee, der zum Zeitpunkt des Unfalls genau neben Abel war, saß der Schock besonders tief. Das Gebet und Gespräch mit anderen auf dem Schiff halfen ihm sehr, das, was sich in seinen Gefühlen aufgestaut hatte, zu verarbeiten. Als er aber die Berichte für die Polizei schreiben und einen Großteil der spanischen Übersetzung übernehmen mußte, belastete ihn das tragische Ereignis aufs Neue zutiefst. Oft flehte er Gott in seiner Not an: »Herr, hilf mir, daß ich weitermachen kann.«

Als er eines Sonntagabends in einer Gemeindeversammlung saß und dem Redner zuhörte, spürte er, wie Gott zu ihm sagte: »David, Abel lebt. Er ist jetzt glücklich. Willst du darauf vertrauen und mir deinen Schmerz überlassen?«

David übergab all seine Gefühle an Gott. »Ich werde mit ihnen nicht fertig, Herr. Mach du mit ihnen, was du willst.« Und Gott schenkte ihm Frieden.

Die Boat People

Trotz dunkler Wolken und Dämmerung über dem Südchinesischen Meer konnte man es deutlich sehen: ein kleines Boot voller Menschen, das auf den Wellen auf- und abtanzte. Als die Logos sich dem Boot näherte, konnte die Besatzung einige der 53 Flüchtlinge – unter ihnen auch sieben Kinder – erkennen, die in einem etwa acht Meter langen Fischerboot zusammengezwängt kauerten.

Zwei Jahre zuvor, im Jahre 1978, als die Logos auf dem Weg von Hongkong nach Thailand die gleiche Strecke zurückgelegt hatte, hatten sie lange überlegt, wie sie sich verhalten sollten, falls sie auf »Boat People« stießen – das sind vietnamesische Familien, die ihr Leben riskieren und in kleinen, oft nicht einmal seetüchtigen Fischerbooten aus ihrer Heimat fliehen. Letztlich hatte die Besatzung damals aber keine Boote gesichtet, so daß alle Überlegungen Theorie blieben.

Jetzt, am 3. Oktober 1980, ging es nicht mehr nur um Theorie, jetzt war die Situation da und verlangte eindeutige Entscheidungen.

Für viele war die Antwort klar: Menschen in Not mußten aufgenommen und versorgt werden. Dennoch, die Leiter der Schiffsarbeit waren strengstens vor solchem Vorgehen gewarnt worden. Die »Boat People« seien nicht alle echte Flüchtlinge, manche seien Piraten, die nur darauf warteten, unachtsame Schiffe zu überfallen. Und selbst die echten Flüchtlinge hätten manchmal gefährliche Krankheiten, die die ganze Schiffsbesatzung verseuchen könnten.

Ein ernsteres Problem war die Frage, was mit ihnen zu tun sei, wenn sie erst einmal an Bord wären. Viele

Länder weigerten sich, »Boat People« überhaupt aufzunehmen und erlaubten ihnen nicht, das Schiff zu verlassen. Manche verweigerten einem Schiff mit Flüchtlingen an Bord sogar die Einreise überhaupt. Das Ziel der Logos, Thailand, war bereits von vietnamesischen Flüchtlingen überschwemmt und nahm den »Boat People« gegenüber eine sehr unnachgiebige Haltung ein.

Deshalb entschieden die Leiter des Schiffes, den Rat vieler Flüchtlingsorganisationen zu befolgen und die Flüchtlinge mit Nahrungsmitteln, Wasser, Treibstoff, Medizin und Landkarten zu versorgen und sie dann sich selbst zu überlassen. Sie ließen den Flüchtlingen ein aufblasbares Rettungsfloß mit Vorräten zukommen und erklärten ihrem Kapitän die Lage, der dafür Verständnis zu haben schien. Viele auf der Logos fanden diese Lösung jedoch unmöglich. Selbst der damalige stellvertretende Schiffsdirektor Des Harper, der für die Entscheidung verantwortlich war, schrieb später:

»Ich fragte mich, ob wir wirklich richtig handelten. Sicher, wir taten das, was entschieden worden war. Aber war unsere Entscheidung auch vor Gott richtig? Da befanden sich Menschen in einem kleinen Boot, und obwohl wir ihnen gaben, was sie für die Weiterreise brauchten, wußte jeder, daß ihre Überlebenschance sehr gering war.«

Schließlich kamen die Verantwortlichen, nachdem sie viel überlegt und gebetet hatten, überein, die Flüchtlinge an Bord und ihr Boot in Schlepp zu nehmen. Kurz vor Thailand, aber immer noch in internationalen Gewässern, sollten sie wieder in ihr Boot steigen und die Reise alleine fortsetzen. In ihrem eigenen Boot hätten sie größere Chancen, in Thailand aufgenommen zu werden. An Bord der Logos sollten sie zunächst auf einem Deck unter Quarantäne gestellt werden, bis der Arzt Zeit hätte, sie zu untersuchen.

Diese Überlegungen brauchten Zeit. Die Schiffsbesatzung wurde zusammengerufen und über die Entscheidung informiert. Als dann bekanntgegeben wurde, daß die Flüchtlinge aufgenommen werden sollten, klatschten alle begeistert, vielen rannen die Tränen über das Gesicht.

So half die Besatzung den Flüchtlingen an Bord. Es stellte sich heraus, daß sie von ihrer Abstammung her Chinesen waren. Jeder von ihnen wurde einer Begrüßungszeremonie unterworfen: Zuerst wurde das lange Haar abgeschnitten. Dann wurden die Haare mit einem Läusemittel eingerieben. Anschließend wurden sie gründlich und ausgiebig gebadet. Aus den Laderäumen wurden saubere Kleider geholt. Da die Mitarbeiter in den verfilzten Kleidern der Flüchtlinge Krankheitskeime vermuteten, begannen sie, die Kleider über Bord zu werfen. Bis dahin hatten die Flüchtlinge die ganze Prozedur still über sich ergehen lassen. Als sie aber merkten, daß ihre alten Kleider ins Meer geworfen werden sollten, protestierten sie energisch. Verdutzt baten die Mitarbeiter die chinesischen Dolmetscher, den Grund der Aufregung herauszufinden. Allmählich verstanden sie, daß die Flüchtlinge ihr weniges Geld oder andere Wertgegenstände, die sie mitnehmen konnten, in das Kleiderfutter eingenäht hatten. Kein Wunder, daß sie sich aufregten, als diese Kleider ins Wasser geworfen wurden!

Nach einem kurzem Wortwechsel wurde eine für alle annehmbare Lösung gefunden: Die verfilzten Kleider wurden in das kleine Boot gepackt, das sich in Schlepp befand. Fröhlich zogen die Flüchtlinge die neuen Kleider an. Zumindest einige. Die Frauen, die die langen Hosen der traditionellen vietnamesischen Kleidung gewöhnt waren, fanden die Röcke, die ihnen angeboten wurden, sehr seltsam. Schließlich war aber jeder mit etwas Passendem ausgestattet.

Frisch gewaschen und neu eingekleidet wurde ein Flüchtling nach dem anderen durch die ambulante Klinik, die auf dem Achterdeck eingerichtet worden war, geschleust. Der Schiffsarzt untersuchte sie, erkundigte sich nach ihren Namen und einigen grundlegenden Dingen. Die chinesische Krankenschwester Stella Chan, die die Gespräche dolmetschte, und der Kapitän waren auch dabei.

Der nächste »Programmpunkt« löste ganz offensichtliches Vergnügen aus: Essen kam auf den Tisch! Dazu waren keine Erklärungen nötig!

Es war spät geworden, bis alle Flüchtlinge versorgt waren. Da der Speisesaal an dem Tag nicht mehr benötigt wurde, wurde er leergeräumt, um auf dem Boden Schlafplätze für die Flüchtlinge herzurichten. Ein Mitarbeiter des Büchermarktes holte eine Kiste mit vietnamesischen Neuen Testamenten, die in Hongkong erworben worden warden, aus dem Laderaum nach oben und verteilte sie unter den Flüchtlingen. Der Tag ging zu Ende. Die Vietnamesen machten es sich auf ihren Decken bequem, sauber, frisch eingekleidet, satt und zufrieden nach einer guten Mahlzeit. Viele lasen zum ersten Mal in ihrem Leben Gottes Wort. Die Mitarbeiter waren tief bewegt.

Zwei Tage später kam ungefähr 100 Kilometer vor der vietnamesischen Küste ein weiteres kleines Boot in Sicht. Natürlich ging jeder auf der Logos wie selbstverständlich davon aus, daß auch dieses voll Flüchtlinge sei. Das Boot schien jedoch nicht in Not zu sein und versuchte auch nicht, Aufmerksamkeit zu erregen. Kapitän Collins wußte nicht, was er tun sollte und fuhr deshalb noch näher heran. Das Boot war etwas größer als das erste. Schließlich konnte die Besatzung einige Menschen erkennen, die unter einer Plane kauerten; offensichtlich standen sie Todesängste aus wegen des herannahenden

Schiffes. Die Flüchtlinge auf der Logos konnten mit ihrer Not sofort mitfühlen. Sie riefen ihnen auf Vietnamesisch zu, aber das Boot war zu weit entfernt, als daß sie verstanden worden wären. Der Anblick eines schnell näher kommenden Schiffes voll rufender und gestikulierender Leute versetzte die Passagiere des kleinen Bootes in panischen Schrecken. In ihrer Verzweiflung versuchten sie fieberhaft, ihren Motor in Gang zu setzen; der stieß jedoch nur schwarze Qualmwolken aus, sprang aber nicht an.

Endlich schnappten sie einige Worte des Kapitäns des ersten Flüchtlingboots auf und konnten erkennen, daß das Schiff in Singapur registriert war. Ihr Verhalten veränderte sich schlagartig: Sie hißten eine kleine, weiße Flagge als Notsignal. Menschen kamen unter der Zeltplane hervor und winkten und schrien aufgeregt.

Ganz offensichtlich befanden sich auch Kranke in dem Boot. Ebenso offensichtlich hatte das Boot ein Leck. Der Motor hatte bereits Rost angesetzt.

Diesmal wurde sehr viel schneller entschieden, die Flüchtlinge an Bord zu nehmen. Während die Leute im ersten Boot hauptsächlich chinesischer Abstammung waren, befanden sich in diesem Boot 40 Vietnamesen. Einige von ihnen hatten als Offiziere in der südvietnamesischen Armee gedient. Einer war Polizeichef in Südvietnam gewesen und hatte in einem Konzentrationslager mehrere Schlaganfälle erlitten. Er war so schwach, daß er auf einer Trage an Bord der Logos gehievt werden mußte.

Diese »Boat People« hatten anscheinend schon seit zwei Tagen nichts gegessen und getrunken. Obwohl einige sehr krank aussahen, konnte der Arzt keine ernstlichen Erkrankungen feststellen. Sie litten hauptsächlich an schwerer Seekrankheit und Erschöpfung. Zwei oder drei von ihnen mußten ein paar Tage lang Infusionen bekommen.

Damit stieg die Zahl der Flüchtlinge an Bord auf 93. Alle Altersstufen, von drei Monaten bis 79 Jahren, waren vertreten. Die Kapazität der Logos war mit ihrer 142köpfigen Besatzung bereits voll ausgelastet. Die letzten beiden Tage der Fahrt nach Thailand mußten in überaus beengten Raumverhältnissen durchgestanden werden.

Dann wurden alle sorgfältig zurechtgelegten Pläne buchstäblich mit einem Schlag über den Haufen geworfen: Das größere Boot in Schlepp füllte sich mit Wasser und rammte mit Wucht das andere Boot. Das morsche Tau riß, und das Boot sank innerhalb kurzer Zeit. In der Nacht sank dann auch das zweite Boot. Es blieb keine Wahl: Die Logos mußte versuchen, mit allen Flüchtlingen an Bord nach Thailand einzureisen.

Mittlerweile waren die beiden Line-Up-Männer in Thailand, Lloyd Nicholas und Chan Thye Huat, vom Leiter der Einwanderungsbehörde strengstens gewarnt worden, das Schiff solle keine vietnamensischen Boat People an Bord nehmen, denn das verursache immense Schwierigkeiten. Die thailändische Regierung sah die Boat People nicht als Flüchtlinge an, da sie den Krieg in Vietnam nicht anerkannten. Sie wurden als illegale Einwanderer und in manchen Fällen als Spione behandelt.

Das beunruhigte die Besatzung der Logos natürlich. Was würden geschehen, wenn sie in ihrem ersten Anlaufhafen Songkhla ankämen? Würden sie ihre Passagiere von Bord lassen können? Und würde die Besatzung ihr Programm durchführen können? Würde dem Schiff überhaupt die Genehmigung erteilt, in den Hafen einzulaufen?

Zu ihrem Erstaunen durften sie in Songkhla sofort anlegen, obwohl die Behörden wußten, daß Flüchtlinge an Bord waren. Allerdings durften die Flüchtlinge das Schiff nicht verlassen; sie durften nicht einmal einen Fuß auf den Kai setzen. Außer dieser Einschränkung hatte die Logos aber alle Freiheit, ihre Austellung und ihr Programm durchzuführen, so als gäbe es keine Flüchtlinge an Bord.

Einige schwedische Missionare hatten Spenden speziell für Flüchtlingsarbeit bekommen. Sie kamen zu der Überzeugung, daß Gott dieses Geld für die Flüchtlinge auf der Logos eingesetzt sehen wolle, so daß sie während ihres Aufenthaltes in Songkhla mit Nahrung versorgt seien. So brachte ein Restaurantbesitzer täglich dampfende Töpfe mit herrlich duftendem Essen für die Flüchtlinge, morgens, mittags und abends. Lloyd Nicholas suchte währenddessen in Bangkok den stellvertretenden britischen Konsul auf, einen sehr freundlichen und verständnisvollen Beamten.

»Machen Sie sich keine Sorgen«, versicherte er Lloyd, »in drei bis vier Tagen ist die Sache geklärt. Es hat in den letzten Wochen einige ähnliche Fälle gegeben. Sie konnten schnell gelöst werden.«

Er erklärte, daß normalerweise eine ausländische Regierung gefunden werden müsse, die garantiere, die Flüchtlinge innerhalb von dreißig Tagen aufzunehmen und einzugliedern. Während dieser dreißig Tage übernähme der UNHCR (der Hohe Kommissar der Vereinten Nationen für Flüchtlinge) die Verantwortung für die Menschen, so daß sie das Schiff verlassen dürften.

Eine Woche später jedoch bat der britische Konsul Lloyd in sein Büro und teilte ihm mit, daß die britische Regierung die Eingliederung der Flüchtlinge nicht als ihre Verantwortung betrachte. Wenn der erste Anlaufhafen (Thailand) sie nicht aufnähme, müßte sich nach internationalem Recht das Land, in dem das Schiff registriert sei (Singapur), mit der Angelegenheit beschäftigen. Da Singapur jedoch bereits völlig überbevölkert war, hatte es sich schon immer geweigert, Flüchtlinge aufzunehmen, unabhängig davon, aus welchem Land sie kamen. Anstatt jedoch in diesem Fall sofort eine klare Antwort zu geben, zögerten sie ihre Entscheidung hinaus. Ohne eine endgültige Absage Singapurs wollte sich auch kein anderes Land mit dem Problem befassen. Dann endlich lehnte Singapur die Aufnahme der Flüchtlinge rundheraus ab. Da die Eigentümerin der Logos eine britische Gesellschaft war, war Großbritannien als nächstes Land an der Reihe. Großbritannien versuchte, Singapur dazu zu bewegen, die Sache noch einmal zu überdenken.

Die Zeit drängte, das Problem mußte schnell gelöst werden, und so versuchte das OM-Schiffsbüro in Deutschland, Kontakt zu hohen Beamten verschiedener Regierungen und Organisationen herzustellen, die eventuell ihren Einfluß geltend machen könnten. Auf höchster Ebene wurde mit den Innen- und Außenministerien in London verhandelt.

In aller Welt wurden die OM-Gebetspartner informiert, und es wurde sehr viel gebetet. Das Schiff war wieder einmal in einer Situation, die neu zeigte, wie sehr man in der Arbeit auf Gottes Hilfe angewiesen war. Die Regierungsverhandlungen konnten sich monatelang ohne Ergebnis hinziehen. Aber Gott konnte das tun, was unmöglich schien.

Für die Flüchtlinge war das Warten besonders schwer. 93 Menschen hausten auf engstem Raum auf dem Achterdeck. Sie saßen herum oder lagen auf ihren Decken und zählten die Stunden. Normalerweise war das Achterdeck der Spielplatz für die Kinder, doch zum Spielen war dort jetzt kein Raum mehr. Die Mütter nahmen sie aber trotzdem mit aufs Achterdeck und hielten ein Schwätzchen mit den verschiedenen Flüchtlingen. Andere Besatzungsmitglieder nutzten ebenfalls ihre freie Zeit zu einem Gespräch auf dem Achterdeck. Da einige unter den Flüchtlingen einen tiefen Hunger nach Gottes Wort gezeigt hatten, wurden Bibelstunden für sie eingerichtet. Es wurde auch Englischunterricht erteilt, um sie auf ihr neues Leben vorzubereiten.

All das nahm jedoch nur einen Bruchteil der vielen Stunden des Tages in Anspruch. Die Flüchtlinge brauchten und wollten mehr Betätigung. Sie wurden bald auf dem ganzen Schiff eingesetzt und halfen bei den verschiedensten Arbeiten. Eine fähige Schweißerfamilie erwies sich als große Hilfe. Ein Ingenieur fand sich im Maschinenraum ein. Andere kratzten Farbe ab, spülten Geschirr, legten Kleider in der Waschküche zusammen; schon bald fügten sie sich harmonisch in den Tagesablauf an Bord ein. Sie bekamen kleine Ansteckschilder mit der Aufschrift »Besonderer Gast«, so daß Besucher des Schiffes gar nicht erst auf die Idee kamen, daß sie Flüchtlinge waren.

Der Oktober war immer die Zeit, in der der große Personalwechsel auf der Logos stattfand. In Bangkok verließen daher viele, die seit ein oder zwei Jahren dabei waren, das Schiff und reisten nach Hause. Für sie kamen 53 neue Mitarbeiter dazu. Manche mußten früher gehen und verließen schon in Songkhla das Schiff, so daß vorübergehend Lücken im Team entstanden, die durch die Vietnamesen geschlossen werden konnten. Als die neuen Mitarbeiter in Bangkok eintrafen, wurden sie zum Teil von vietnamesischen Flüchtlingen in ihre neue Aufgabe eingeführt!

Die Boat People, die anfänglich nur Gegenstand des Mitleids gewesen waren, waren zu echten Freunden geworden. Zufrieden beobachteten die Krankenschwestern, wie sich das ausgehungerte Baby, das nur noch Haut und Knochen gewesen war, prächtig entwickelte. Auch die Mutter hatte sich wieder so erholt, daß sie ihr Kind stillen konnte.

Die Krankenschwester Kathy Dillner erzählt von ihrer Begegnung mit dem 57jährigen Mann, der einen Schlaganfall erlitten hatte und aussah, als wäre er Siebzig. Obwohl er alles um sich herum wahrnahm, konnte er sich kaum bewegen und nicht reden.

»Ich kümmerte mich sehr viel um diesen Mann. Er benötigte oft Augentropfen. Sooft ich ihn behandelte, sprach ich auf Englisch mit ihm. Ich wußte, daß er mich verstand, denn er nickte mit dem Kopf, auch wenn er nicht antworten konnte. Ich erzählte ihm von Gott und warum wir die Boat People und ihn lieb hatten.

Eines Tages kam seine Tocher zu mir und sagte aufgeregt: »Mein Vater hat gerade gesprochen! Es ist das erste Mal, daß ich ihn habe sprechen hören, seit wir das Gefangenenlager verlassen haben!«

»Und was hat er gesagt?« wollte ich wissen. »Er sagte: ›Ich will Christ werden.‹ Ich holte einige chinesische Mitchristen, um mit ihm zu beten. Als wir beteten, liefen ihm Tränen über das Gesicht. Dieser Mann hat vielleicht nichts von dem, was Sie oder ich besitzen, aber er hat ewiges Leben gefunden!«

In Songkhla mußte der Schiffsarzt sofort von Bord, denn er wurde in seiner Klinik im Norden Thailands zurückerwartet. Auf den beiden Krankenschwestern lastete die schwere Verantwortung, nicht nur Mannschaft und Mitarbeiter zu versorgen, sondern auch die Flüchtlinge, die das Schiff nicht verlassen durften. Sie wußten zwar, daß sie im Notfall den Arzt eines in der Nähe befindlichen Flüchtlingslagers rufen konnten, aber das lag noch recht weit entfernt.

Am Tag nachdem der Arzt das Schiff verlassen hatte, wurde Kathy um etwa 5.00 Uhr in der Frühe durch lautes Klopfen an der Tür geweckt. »O nein«, stöhnte sie und raunte ihrem Mann zu: »Ich mag nicht aufmachen. Was wird wohl passiert sein?«

Ihre Befürchtungen bestätigten sich: Als sie die Tür öffnete, stand dort eine vietnamesische Mutter und hielt ihr schluchzendes Kind auf dem Arm. Der kleine Junge hatte einen Finger in einer Stahltür eingeklemmt. Der Finger hing leblos herunter. Kathy brachte den Jungen ins Schiffskrankenhaus und schickte ihren Mann zum Flüchtlingslager, um den Arzt zu holen. Es schien eine Ewigkeit zu dauern, bis der Arzt endlich kam. Als er schließlich da war, konnte er den Finger nicht mehr retten.

Einige Zeit später, auf der kurzen Reise von Songkhla nach Bangkok, veranstaltete die Logos-Familie einen bunten Abend für die Flüchtlinge, einen Talentabend. Sie sangen ausgelassene Lieder und führten witzige Sketche und Tänze auf, alles, was ihnen gerade einfiel und von dem sie meinten, daß es ihre Gäste zum Lachen bringen könnte. Vorne in der ersten Reihe saß der kleine Junge mit einem riesigen Verband um seinen Finger. Er strahlte übers ganze Gesicht.

Das politische Gerangel um die Aufnahme der Flüchtlinge zog sich in die Länge, so daß die Logos den nächsten Anlaufhafen aus ihrem Programm streichen und in Thailand bleiben mußte. Die Hafenbehörde stellte schließlich ein Ultimatum. Die Logos war schon länger geblieben, als ihre Aufenthaltserlaubnis gültig war. Spätestens in einer Woche mußte sie nun den Hafen verlassen, egal, ob das Flüchtlingsproblem geklärt war oder nicht. Endlich war auf erneuten Druck hin die britische Regierung am 22. November bereit, die Verantwortung für die Flüchtlinge zu übernehmen und ihre Aufnahme zu garantieren. Am 27. November konnten die Flüchtlinge das Schiff verlassen. Dieser Tag war der letzte Tag der Gnadenfrist, die die Hafenbehörden gewährt hatten. Für die Amerikaner an Bord war er das Erntedankfest. Die Vietnamesen wurden in ein Aufnahmelager gebracht. Dort blieben sie, bis der UNCHR sie in verschiedenen Ländern untergebracht hatte. Die meisten gingen nach England. Fast zwei Monate waren sie auf dem Schiff gewesen.

Für die Flüchtlinge und die Besatzung war es ein schwerer Augenblick. Viele Flüchtlinge hatten sich auf dem Schiff zu Jesus Christus bekehrt. Viele der anderen bekehrten sich im Lager, wo sie Kontakt zu Christen hatten. In den kommenden Jahren hörte man immer wieder von einzelnen – von ihren Schwierigkeiten, sich der neuen Kultur anzupassen, aber auch von der Freude und Ermutigung, einen Gott zu kennen, der gerne hilft.

Fast acht Jahre später traf Graham Wells, letzter Direktor der Logos, einige dieser Flüchtlinge unter ungewöhnlichen Umständen wieder: Als er gerade sein Büro als Logos-Reisesekretär in Birmingham in England einrichtete, erfuhr er, daß sich chinesische Christen in einem anderen Teil des gleichen Gebäudes zum Gottesdienst trafen. Eines Tages kam Graham mit einem der Gemeindeältesten ins Gespräch.

»Sie waren auf der Logos?« rief der chinesische Christ erstaunt aus, als Graham zu erklären begann, wer er war und was er machte. »Die Logos hat mir das Leben gerettet. Ich war in einem kleinen Fischerboot vor der Küste Vietnams... «

Ein Traum wird Wirklichkeit

Der Gedanke, auch einmal das kommunistische China zu besuchen, tauchte zum ersten Mal im Jahre 1978 auf, nachdem einige Logos-Mitarbeiter die Gelegenheit gehabt hatten, China zu bereisen. Damals schien dieser Wunsch jedoch nur eine großartige, aber verrückte Idee zu sein, ein unwirklicher Traum. Ein christliches Schiff wie die Logos würde niemals die Genehmigung erhalten, in China einzulaufen. Aber die Idee starb nicht. OM-Mitarbeiter hatten seit Jahren für China gebetet. Irgendwann, irgendwie würde Gott etwas Besonderes in diesem Land tun, davon waren sie überzeugt. Vielleicht konnte er in irgendeiner bescheidenen Weise die Logos dazu gebrauchen. Auf jeden Fall lohnte es sich, der Sache nachzugehen.

Im Frühjahr 1980 hielt sich die Logos in der Nähe von China auf. Außerdem waren einige Tage gegen Jahresende noch nicht verplant. Vielleicht war es ja möglich, dann nach China zu fahren. Ein Wunschtraum, sicher, aber es lohnte sich doch, zumindest darüber nachzudenken. Zwei Männer von der Logos wurden auf die Reise geschickt: der Engländer Peter Conlan und der Chinese Go Teg Chin von den Philippinen. Teg Chin bekam problemlos ein Visum, aber Peter mußte sich einer Reisegruppe anschließen. Er wählte eine Reise, während der eine viertägige Besichtigung von Beijing (Peking), der Hauptstadt Chinas, eingeplant war.

Die Rundreise blieb Peter noch lange in lebhafter Erinnerung. Er war fasziniert von dem Kontrastreichtum dieses großen Landes. Vieles war so ganz anders, als er sich es vorgestellt hatte: Kanton mit seinen riesigen

Reklamewänden voller Werbung für Johnny Walker Whisky, amerikanische Kreditkarten und Canon Kameras; der saubere, komfortable Schnellzug und seine betont gepflegte Atmosphäre – die Tasse Tee, spottbillig, serviert von überaufmerksamen Kellnern; der Farbfernseher und die gut gemachten Filme über die industrielle Entwicklung Chinas oder das außerordentliche Können chinesischer Akrobaten. (Peter amüsierte sich besonders über einen ungewöhnlichen Mann, der sich Eisenstäbe um den Hals biegen konnte!)

Dann auf der anderen Seite die ländlichen Gegenden im Inneren Chinas, das »Land des Volkes«, ein ödes und trostloses Land. Graue, schmucklose, düstere Städte voller Menschen, die sich in der harten Wirklichkeit ihres Alltags aufrieben.

Am meisten beeindruckten Peter die Menschen. Überall begegnete er freundlichen Männern und Frauen. Sie waren offen, hilfsbereit, herzlich und gastfreundlich. Oft hielten ihn Jugendliche auf der Staße an, die eifrig ihr Englisch anwenden wollten.

Die schönsten Erlebnisse waren für Peter und Teg Chin jedoch die Stunden, in denen sie sich von der Touristengruppe lösen und sich verstohlen durch die Hinterstraßen der Stadt in die Häuser chinesischer Christen schleichen konnten. Sie sahen es als großes Vorrecht an, die einfache, aber herzliche Gastfreundschaft dieser Gläubigen in ihren winzigen, kalten, primitiv eingerichteten Wohnungen genießen zu können. Aufmerksam hörten sie zu, wenn ihre chinesischen Mitchristen von fast niederdrückendem Leid, vor allem aber auch von Gottes Treue und Hilfe mitten in der Not erzählten.

Peter erinnert sich auch an ein anderes, sehr eindrückliches Erlebnis: die Besichtigung einer Druckerei, in der pausenlos kommunistische Schriften gedruckt wurden. Das Druckereigebäude war früher eine Kirche gewesen.

Während der Kulturrevolution hatten Rote Brigaden sie gestürmt und geplündert. Alle christlichen Gegenstände wurden zertrümmert, der Schutt weggekarrt, Druckereimaschinen installiert. Die Stätte der Anbetung wurde in eine Fabrik zur Produktion von atheistischem Propagandamaterial umgebaut.

Das war China im Jahre 1980. Die Reise brachte den beiden ein viel klareres Bild von China; ihre Bemühungen, mit Regierungsbeamten Kontakt aufzunehmen und einen Besuch der Logos vorzubereiten, führten jedoch zu einem enttäuschenden Ergebnis. Peter und Teg Chin konnten zwar mit einigen Beamten sprechen, aber die zeigten nur betontes Desinteresse. Immerhin fanden Peter und Teg Chin heraus, daß der meistversprechende Weg, eine Einreiseerlaubnis zu erhalten, wohl über das Ministerium für den Import und Export von Büchern führte. Und sie erwirkten beim chinesischen Außenministerium die Zusage, eine Einladung zur Einreise nach China zwecks weiterer Klärung geschäftlicher Fragen zugeschickt zu bekommen.

Nachdem Teg Chin mehrere Male Peking besucht hatte, wurden er und Peter eingeladen, für die abschließenden Verhandlungen zurückzukehren. Die Verhandlungen mit den zuständigen Ministerien für Bücherimport, Schiffahrt und Tourismus führten zu einer schriftlichen Einladung an die Logos. Mit dieser Bestätigung in der Tasche flogen Peter und Teg Chin etwa tausend Kilometer südlich nach Shanghai, um Vorkehrungen für den Besuch des Schiffes zu treffen. Dort war man offensichtlich bereits bestens informiert, denn sie wurden dieses Mal überaus zuvorkommend behandelt.

Ehe sie Shanghai verließen, schlichen sich Peter und Teg Chin unauffällig durch die Hintergassen zu dem Haus von befreundeten chinesischen Christen. Ein Leuchten ging über die Gesichter des älteren Ehepaares, als sie von der Einreisegenehmigung für das Schiff hörten. Sie versprachen den beiden, daß auch weiterhin über 300 christliche Hausgemeinden in Shanghai für diesen Besuch beten würden.

Die Besatzung der Logos war sich dessen bewußt, daß dieser Besuch ganz anders als die Besuche in anderen Häfen verlaufen würde. Es schien, als könne das Schiff wegen der vielen Beschränkungen nicht viel ausrichten. Niemand durfte das Schiff besuchen, obwohl das Schiffspersonal ungehindert in der Stadt ein- und ausgehen konnte. Auf dem Schiff konnten daher keine Bücher ausgestellt und verkauft werden. Dafür sollte in Peking eine Buchausstellung stattfinden. Die Regierung stellte einen Saal und Transportmittel für die Bücher zur Verfügung. Die Ausstellung unterschied sich sehr von sonstigen Büchermärkten: Sie präsentierte fast nur Sach- und Lehrbücher obwohl sich unter den mehreren hundert Titeln auch ungefähr 30 christliche befanden. Auch durften die Bücher nicht verkauft werden. Die Besucher konnten sich umsehen, so lange sie wollten, aber sie durften nichts kaufen. Die Buchaustellung war praktisch eher eine Bücherei als ein Buchladen.

Dem Schiffspersonal war es gestattet, Gemeinden zu besuchen, aber sie durften nicht öffentlich in deren Versammlungen sprechen. Sie konnten ungehindert mit Menschen auf der Straße reden, solange sie sich zurückhaltend benahmen und keinen Auflauf verursachten. Sie durften keine Bücher vom Schiff mitnehmen, ohne sie auch wieder zurückzubringen. So war es unmöglich, die lang ersehnten Bibeln in die Hände von einheimischen Gläubigen gelangen zu lassen. Außerdem mußte fast die ganze Besatzung während ihres Aufenthalts an einer fünftägigen Rundreise teilnehmen.

Trotz dieser bedrückenden Beschränkungen erkannte die Besatzung in vielen kleinen Dingen die Hand Gottes.

Als das Schiff in Shanghai eintraf, stiegen ganze Scharen von Zollbeamten an Bord. Sie schauten sich alles an, stellten Fragen, fotografierten, erkundigten sich nach der Arbeit der Besatzung. Während des ganzen Aufenthalts in Shanghai waren stets einige Beamte an Bord, die aufpaßten, daß die Schiffsbesatzung nichts Verbotenes tat. Sie waren jedoch keineswegs unangenehm, sondern nur neugierig und wurden von Tag zu Tag freundlicher. Vor allem waren sie erstaunt und beeindruckt von dem gemeinsamen Leben an Bord: Männer und Frauen, die in offensichtlicher Harmonie eng zusammenarbeiteten und die ein einfaches und dennoch glückliches Leben führten – sie kannten viele, die diese Ideale hatten, aber nur wenige, die sie auch erreichten. Was war das Geheimnis dieser jungen Menschen? Oft hörten diese Beamten bei der Morgenandacht zu oder saßen in der Schiffsbibliothek, lasen christliche Bücher oder hörten Tonbandaufnahmen von christlichen Vorträgen. Eines Abends wollte der Schiffsdirektor Allan Adams aus dienstlichen Gründen an Land gehen.

»Aber nein«, hielt ihn der Beamte auf der Gangway mit gespieltem Ernst zurück, »Sie können jetzt nicht fortgehen. Heute ist doch Gebetsnacht auf der Logos!«

Am ersten Tag in Shanghai flogen zehn Regierungsbeamte von Peking in die Hafenstadt, wo sich vierzig weitere ihnen anschlossen. Sie waren zu einem Empfang auf der Logos eingeladen. Der Empfang sollte dazu beitragen, eine Beziehung zu diesen Menschen aufzubauen und in ihnen Verständnis für dieses ungewöhnliche Schiff und seine Ziele zu wecken. Anhand von Dias wurde über die Arbeit des Schiffes berichtet. Der Schiffschor sorgte für Unterhaltung. Zum Abschluß hielt Allan Adams eine kurze Rede, berichtete über das gemeinsame Leben an Bord und betonte, daß die Schiffsbesatzung durch diesen Besuch in China wirklich dazulernen wolle. Er brachte aber auch klar zum Ausdruck, daß sich die Männer und Frauen an Bord verpflichtet hatten, nach den Maßstäben der Bibel zu leben oder es zumindest zu versuchen. Nach dem Empfang wurden die Beamten durch das Schiff geführt. Man zeigte ihnen auch den Büchermarkt, so wie er in anderen Ländern normalerweise geöffnet war. Natürlich wurden diesmal keine Bücher zum Verkauf angeboten.

In Peking besuchten jeden Tag zwischen 700 und 1000 Menschen die Buchausstellung in der Nationalen Kunstgalerie. Jeder Besucher konnte sich gegen Abgabe seines Personalausweises ein Buch ausleihen und es an einem der vielen bereitgestellten Tische lesen. Überall im Saal saßen die Besucher an den Tischen, den Kopf über ein Buch gebeugt, ganz in die Lektüre vertieft. Viele machten sich Notizen, manchmal schrieben sie ganze Seiten ab. Sie waren offensichtlich ein wissensdurstiges Volk. Nicht nur die Lehr- und Sachbücher verschwanden aus den Regalen, auch die christlichen Bücher waren begehrt. Die Logos-Mitarbeiter fanden es interessant, daß das »Neue illustrierte Bibellexikon« der Inter Varsity Press und Walter Trobischs »Ich liebte ein Mädchen« am meisten gelesen wurden.

Eine ansprechende weiß-blaue Broschüre mit einem Bild der Logos und ihrer Besatzung wurde als Verteilblatt für die Mitarbeiter gedruckt. Der Text war in chinesischer und englischer Sprache abgefaßt:

»MV Logos – DAS SCHIFF DER WEISHEIT«
Das »Schiff der Weisheit«, das sich z. Zt. in China aufhält, ist eine schwimmende Sach- und Lehrbuchausstellung. Es hat in den vergangenen zehn Jahren 230 Häfen in 68 verschiedenen Ländern besucht. Über drei Millionen Menschen besichtigten das Schiff. Mannschaft und Besatzung des Schiffes kommen aus über 25 verschiede-

nen Ländern. Sie sind Christen und arbeiten ehrenamtlich, ohne Gehalt. Menschen aus Ost und West leben, lernen und arbeiten miteinander. Manchmal werden sie die »Schwimmenden Vereinten Nationen« genannt. Ihr Ziel ist es, Menschen in Asien Literatur zu bringen, die neue Horizonte eröffnet und hilft, den wahren Sinn des Lebens zu erkennen.

Wir freuen uns sehr, China besuchen zu können, möchten Freunde im chinesischen Volk gewinnen und mehr über dieses großartige Land erfahren. Weil wir selbst die Liebe erlebt haben, mit der Gott sich in unserem Herrn Jesus Christus uns Menschen zugewandt hat, grüßen wir Sie mit dem Gruß der ersten Christen: »Friede sei mit euch.«

Der Ausdruck »Schiff der Weisheit« stammte aus einem Bericht über die Logos, der in einer Zeitschrift des Ministeriums für Import und Export veröffentlicht worden war, übrigens ein ehrlicher und positiver Bericht.

Wenn nun Männer oder Frauen von der Logos-Besatzung an Land gingen und auf der Straße, in Parks oder sonst irgendwo Menschen begegneten, konnten sie ihnen diese Broschüre geben und hatten so einen Anknüpfungspunkt für Gespräche. Oft ergab sich durch solche Gespräche auch eine Gelegenheit, über Gott zu sprechen. Die Chinesen hörten aufmerksam zu, wenn die Logos-Mitarbeiter von ihren persönlichen Erfahrungen berichteten.

Die Besatzung hatte gehofft, an Land chinesische Bibeln verteilen zu können, und hatte deshalb einen großen Vorrat mitgenommen. Daher war das strikte Verteilverbot eine große Enttäuschung. Über die Einhaltung des Verbots wurde streng gewacht: Jeder, der das Schiff verließ, wurde untersucht, ob er etwas mit an Land nahm. Auch wurde die Paßnummer notiert. Eine Bibel durfte zwar jeder mitnehmen, aber auch das wurde fein säuberlich notiert. Bei der Rückkehr mußte diese Bibel wieder vorgezeigt werden. Das war zwar nicht so schlimm, aber die Mitarbeiter bekamen doch einen kleinen, einen sehr, sehr kleinen Eindruck davon, wie das Leben der Christen in China wohl sein mochte.

Die Mitarbeiter waren gewohnt, in den Gemeinden, die sie besuchten, die zu sein, die zu reden hatten. In China dagegen waren sie die Empfangenden. Zu ihrem Erstaunen waren einige der Kirchen übervoll, die Besucher drängten sich in den Seitenschiffen und standen bis in den Hof hinaus. Leider glänzten die jungen Menschen vor allem durch Abwesenheit. Dennoch, es war eine demütigende und zugleich anspornende Erfahrung, in die Gesichter dieser älteren Christen zu sehen: Wieviel unsägliches Leid spiegelte sich in ihren Zügen, und doch hatte alles Leid nur dazu gedient, sie noch näher zu Gott zu ziehen.

Als die Logos China besuchte, war die Kirche im Land hauptsächlich in zwei Gruppen gespalten: Die »offene Kirche« wurde von der Regierung unterstützt, ihre Pastoren wurden von der Regierung bestimmt, und sie richtete sich offensichtlich – zumindest äußerlich – nach den Anweisungen der Behörden. Dann gab es noch die »Hausgemeinden«, die sich heimlich in Privathäusern trafen. Diese Gläubigen wollten Gott so anbeten, wie es ihnen ihr Gewissen befahl, ohne jeden Einfluß oder Kontrolle der Regierung. In beiden Lagern gab es echte Gläubige, trotzdem standen sich die beiden Gruppen eher kritisch gegenüber. Die Logos-Besatzung wurde von beiden Gruppen vorbehaltlos aufgenommen und konnte so einen Einblick in beide Formen chinesischen Gemeindelebens gewinnen und die herzliche Gemeinschaft vieler verschiedener Christen erleben. Auch in die Häuser der Christen beider Gruppen wurden viele Mitarbeiter der Logos eingeladen.

Mit auf der Logos war auch David Adeney, der lange Jahre in China Missionar gewesen war, bis dann die Machtergreifung der Kommunisten seiner Arbeit ein Ende gesetzt hatte. Er war den anderen auf dem Schiff eine große Hilfe, denn er konnte viel weitergeben, was ihnen das Verständnis für dieses Land erleichterte und es ihnen ermöglichte, bewußter zu beobachten und zu hören. Adeney schrieb über eine der offenen Gemeinden, die er besucht hatte:

>In Hangtschou waren die Kirche und der Kirchenhof lange vor Beginn des Gottesdienstes bis auf den letzten Platz besetzt. Die Menschen saßen überall, sogar auf den Treppen zur Empore. Das Haus war völlig überfüllt mit etwa tausend Besuchern ...

Der Leiter des Gottesdienstes begann mit einem Gebet, auf das die meisten mit einem herzlichen >Amen< antworteten. In der Predigt sprach er über Martha und Maria und betonte, wie wichtig es sei, wirklich mit ganzem Herzen und ganzer Hingabe dem Herrn und seiner Gemeinde zu dienen... Ohne Zweifel hatten viele der Gottesdienstbesucher einen großen geistlichen Eifer. An einem der vorhergehenden Freitage hatten wir zu dritt die Chorprobe besucht und mit einem der alten Pastoren gesprochen. Er erzählte uns, daß im letzten Jahr 300 und in diesem Jahr 200 Menschen getauft worden seien. Etwa 3000 Besucher nähmen an den drei Gottesdiensten pro Sonntag teil. Da die Kirche so überfüllt sei, hätte die Regierung eingewilligt, beim Erwerb und der Eröffnung eines weiteren, größeren Gemeinderaums behilflich zu sein.<

Einerseits war die Besatzung zwar entsetzt darüber, daß für die obligatorischen Rundreisen so viel Geld ausgegeben werden mußte, andererseits waren sie begeistert von der Aussicht, mehr von diesem faszinierenden Land sehen zu können. Auf der fünftägigen Tour stürmten ungeheuer viele verschiedene Eindrücke auf sie ein, mehr als einen recht oberflächlichen Eindruck von China konnte die Reise nicht vermitteln. Dennoch war sie enorm hilfreich für die Mitarbeiter, ein Gesamtbild von diesem Land zu bekommen, in das sich dann die kleinen Erlebnisse mit einzelnen Menschen wie Steine in ein Mosaik einfügen ließen. Wohin sie auch gingen, begegneten sie freundlichen Menschen, die zum Gespräch bereit waren. Viele hatten in der Schule oder auf eigene Initiative abends etwas Englisch gelernt.

Gegen Ende des Besuches gaben chinesische Regierungsbeamte ein Abschiedsessen für die Offiziere und Verantwortlichen der Logos. Sie brachten zum Ausdruck, daß sie die Logos gerne wieder einmal in China begrüßen würden.

Als die Logos dann aus Shanghai auslief, fragte sich die Schiffsfamilie, ob sich der Einsatz an Zeit, Geld und Energie wohl gelohnt habe. Sie waren es gewohnt, viel offener und aktiver evangelisieren zu können. Natürlich war es ein unvergeßliches Erlebnis gewesen, aber ob sie etwas erreicht hatten?

»Ja«, versicherte der ehemalige Missionar David Adeney ihnen überzeugt.

Vor allem hätten durch den Besuch der Logos sehr viele Menschen angefangen, für China zu beten. Die Schiffsbesatzung selbst habe vor Ort Erfahrungen über die Situation in China gesammelt, die sie befähigten, ernsthafter und gezielter zu beten. Auch könnten sie nun viele Informationen weitergeben und so auch andere Christen zum Gebet motivieren.

Die Anwesenheit des Schiffes als solche habe Bedeutung gehabt: Da lag nun die Logos im Hafen von Shanghai, für jedermann sichtbar, weltweit als ein christliches Schiff bekannt – allein das müsse in den Augen des chinesischen Volkes Bände gesprochen haben. Die Buchausstellung in Peking mit einer kleinen, aber doch gut sichtbaren Auswahl christlicher Bücher sei gewiß auch nicht ohne Wirkung geblieben. Zwei Jahre zuvor wäre eine öffentliche Ausstellung der Bibel niemals zugelassen worden. Allein, daß auf den Regalen der Nationalen Kunstgalerie Bibeln standen, dokumentierte, daß der christliche Glaube nicht länger illegal war.

»Außerdem dürft ihr nicht unterschätzen«, fuhr David Adeney fort, »wie wichtig die Kontakte mit den Menschen sind, mit denen ihr gesprochen habt. Der Same wurde gesät – welche Früchte er tragen wird, liegt in Gottes Hand.

Überlegt euch auch, daß die Christen in China fast dreißig Jahre lang isoliert waren. Es ist bestimmt eine große Ermutigung für sie zu wissen, daß es außerhalb von China eine große Gemeinde gibt, die sie liebt, sie unterstützt, sich um sie sorgt.

Und nicht zuletzt wurde durch den Besuch eine Grundlage geschaffen, von der aus vielleicht auch in Zukunft in irgendeiner Weise Einsätze in China vorbereitet werden könnten, wenn es Gottes Wille ist. Im Augenblick können wir natürlich noch nicht sagen, wie eine solche Arbeit aussehen könnte, aber sicherlich wurde ein Grundstein gelegt, auf dem aufgebaut werden kann.«

Türen öffnen und schließen sich

Schon Wochen bevor die Logos einen Hafen ansteuerte, wurde das Line-Up-Team vorausgeschickt, um alle offiziellen Genehmigungen für die Einreise, den Anlegeplatz, den Buchverkauf und die Evangelisationseinsätze einzuholen und alles vorzubereiten, damit das Programm durchgeführt werden konnte. Damit war zwar stets sehr viel Arbeit und Aufregung verbunden, aber letzten Endes wurden dann doch fast immer alle Genehmigungen erteilt. Allerdings nur fast immer.

Im Jahre 1973 wurde der Logos zum Beispiel die Einreise nach Indonesien verweigert, und trotz vieler Gebete und Versuche, die Behörden umzustimmen, ließen sie sich nicht von ihrer Entscheidung abbringen. Gott schien seine Gründe dafür zu haben, den Besuch nicht zustande kommen zu lassen, und die Besatzung mußte ihm einfach vertrauen. Im darauffolgenden Jahr 1974 wurde der Logos die Einreise nach Sri Lanka verwehrt, aber nach viel Gebet und nachdem Christen aus Sri Lanka persönlich beim Premierminister vorgesprochen hatten, wurde die Entscheidung rückgängig gemacht.

Als die Logos im August 1982 nach Alexandria, Ägypten, fuhr, machte sich die Besatzung über Genehmigungen keine Sorgen. Aufgrund der monatelangen, mühevollen Vorbereitungen des Line-Up-Teams lagen nun alle Genehmigungen schriftlich vor. Als das Schiff am Hauptkai anlegte, sah die Besatzung voll Vorfreude einem vollen Programm in diesem Hafen entgegen. Doch dieses Programm sollte nie stattfinden.

Zwei Stunden nachdem das Schiff festgemacht hatte, geschahen eine Reihe merkwürdiger Dinge: Es war die

Erlaubnis erteilt worden, daß Einheimische auf das Schiff kommen könnten; diese Erlaubnis wurde zurückgezogen. Für die ganze Besatzung der Logos waren sogenannte Landekarten ausgestellt worden, mit denen jeder das Schiff verlassen konnte; sie wurden konfisziert. Beamte der Sicherheitspolizei bezogen Stellung an Bord und am Kai neben dem Schiff. Auf die Fragen der verstörten Besatzung gaben sie nur eine Antwort: »Wir haben unsere Befehle.«

Kurz danach wurde das Schiff aufgefordert, zu einem nahe gelegenen Ankerplatz zu fahren. Es war aber immer noch möglich, in Barkassen das Schiff zu erreichen, um behördliche Dinge zu klären. Schließlich kam die Anordnung, das Schiff solle zu einem noch abgelegeneren Ankerplatz fast 20 Kilometer vom Hafen entfernt fahren, so daß es nun per Boot nicht mehr erreichbar war. Die Hafenkontrollbehörde und der Schiffsmakler der Logos wurden angewiesen, jeden Funkkontakt mit dem Schiff abzubrechen; die Funkrufe der Logos wurden einfach ignoriert. Das Schiff war völlig isoliert, es lag fest vor Anker und war von jedem Kontakt mit der Außenwelt abgeschnitten.

Die Schiffsfamilie war durch die Vorfälle verständlicherweise völlig durcheinandergebracht, tat jedoch das einzig Richtige: Sie wandten sich an Gott. Die Leiter des Schiffes riefen alle Mitarbeiter zu einem Tag des Gebets und Fastens zusammen. Da die Mitarbeiter spürten, wie wichtig jetzt Gebet war, dehnten sie die Zeit von sich aus auf mehrere Tage aus. Sie bildeten eine Gebetskette: Zu jeder Tages- und Nachtzeit betete jemand. Anfänglich waren die Gebete eine einzige Bitte an Gott, nach Alexandria zurückkehren zu können. Aber allmählich verlagerte sich der Schwerpunkt: Ägypten selbst wurde das Ziel. Die Besatzung betete für ein mächtiges Wirken Gottes in Ägypten. Der damalige Schiffsdirektor Frank Fortunato beschrieb die Lage so:

»Gott zeigte uns, daß ihm eins noch wichtiger war als unser Dienst in dem Hafen: Unser eigenes Leben als seine Botschafter. Wir begannen, um Erweckung unter uns zu beten. Mitarbeiter bereinigten ihr Leben vor Gott. Ehepaare sprachen sich aus. Andere bekannten vor allen ihre Schuld. So hatten wir bald allen Grund zu befreiter Anbetung und fröhlichem Feiern. Wir erlebten eine Erweckung an Bord und freuten uns mit überschäumender Freude über Gottes Gegenwart.«

In der Zwischenzeit suchte das Line-Up-Team in Alexandria fieberhaft nach einem Ausweg aus der Sackgasse. Stundenlang liefen sie von einer Behörde zu anderen, aber alle Versuche, mit hohen Regierungsbeamten in Kontakt zu kommen, blieben erfolglos. Schließlich ließ sich die Sicherheitspolizei widerwillig zu einer Erklärung bewegen. Die Logos habe in Ägypten einige entschlossene und einflußreiche Feinde, da das Schiff bei seinem Besuch im Jahre 1976 einen starken christlichen Einfluß ausgeübt habe. Besonders fanatisch in ihrem Haß gegen die Logos sei die militante islamische Bruderschaft, sagte die Polizei. Es habe Bombendrohungen gegeben. Die der Logos von den Behörden auferlegten Beschränkungen seien zu ihrer eigenen Sicherheit erfolgt, erklärten sie.

Von einheimischen Christen erfuhr das Line-Up-Team, daß es in den letzten Wochen Gewaltanwendung gegen Christen und christliche Einrichtungen gegeben hatte. Kirchgänger waren durch Bomben verletzt und Kircheneigentum beschädigt worden, so daß die Regierung während aller kirchlichen Veranstaltungen bewaffnete Wachposten zum Schutz aufgestellt hatte.

Nach fünf Tagen wurde es der Logos endlich gestattet, Kontakt mit dem Line-Up-Team an Land und dem OM-Schiffsbüro in Deutschland aufzunehmen. Der Schiffsdirektor Allan Adams hielt sich zu der Zeit in Deutschland auf, weil seine Frau gerade ein Kind zur Welt gebracht hatte. Er war über die Situation des Schiffes auf dem laufenden gehalten worden und hatte mit den Leitern des Schiffsbüros die Lage erörtert. Nun berichtete Allan Frank Fortunato, daß libanesische Christen die Logos eingeladen hätten, ihr Land zu besuchen.

Da explodierte Frank. Die Israelis waren im Libanon einmarschiert! Das Land befand sich im Kriegszustand! Jeden Tag hörte man in den Nachrichten, welch verheerende Schäden die Bomben und der Artilleriebeschuß in West-Beirut hinterließen. Niemals, rief Frank, würde er es zulassen, daß das Schiff in den Libanon fahre! Wußte Allan denn nicht, daß Frauen und Kinder an Bord waren?

Als dann Bertil, der OM-Koordinator für die arabische Welt, bei der OM-Zentrale anrief und erzählte, er habe von der Lage der Logos erfahren, habe für das Schiff gebetet und sei zu der Überzeugung gelangt, daß Gott das Schiff im Libanon haben wolle, waren die Leiter der Schiffsarbeit verblüfft. Wegen der politischen Lage im Libanon hatten sie diese Möglichkeit bisher nie auch nur in Erwägung gezogen. Es mußte aber ein Ausweg aus der gegenwärtigen Sackgasse gefunden werden. Die Logos hatte geplant, zweieinhalb Wochen in Ägypten zu verbringen. Was sollte nun in dieser Zeit geschehen?

Ein oder zwei Tage später rief Bertil wieder an: »Ich weiß, daß ihr mich für verrückt haltet, aber ich glaube wirklich, daß Gott die Logos im Libanon haben möchte.«

Nur wenige Stunden nach diesem zweiten Anruf von Bertil wurde in Radio und Fernsehen berichtet, daß die Palästinensische Befreiungsorganisation eingewilligt habe, sich aus dem Libanon zurückzuziehen, und daß die Israelis Vorbereitungen für ihre Evakuierung träfen. Diese Neuigkeiten veranlaßten die Leiter in der OM-Zentrale, die Möglichkeiten doch noch einmal zu überdenken. Öffnete Gott vielleicht wirklich eine Tür? Um das herauszufinden, entschieden sie, mußte jemand in den Libanon entsandt werden, die Lage zu erkunden. So wurde am nächsten Tag Lloyd Nicholas, einer der erfahrensten Line-Up-Männer, von Deutschland aus in den Libanon geschickt.

Über all diese Vorgänge wurde Frank genauestens unterrichtet. Er rief die Schiffsfamilie auf der Logos zusammen und informierte sie. Die schlußendlich zu fällende Entscheidung würde auch seine Entscheidung sein, und es war ihm klar, daß damit eine schwere Verantwortung auf ihm lastete. Die Männer und Frauen auf dem Schiff würden von der Entscheidung am meisten betroffen sein; darum wollte er, daß sie vollständig informiert waren und mit ihm um Führung beteten.

In der Zwischenzeit fuhr die Logos nach Zypern, um Wasser zu übernehmen, Vorräte zu laden und auf Nachricht aus dem Libanon zu warten.

Lloyd Nicholas konnte aus Sicherheitsgründen nicht direkt in den Libanon fliegen, deshalb reiste er über Zypern, um dort ein Visum zu beantragen. Am Morgen nach seiner Ankunft in Zypern ging er gleich zur libanesischen Botschaft in Larnaka. Er erklärte, er wolle in den Libanon und wolle ein Visum.

»Tut uns leid«, bedauerte der Beamte, »wir stellen zur Zeit überhaupt keine Visa aus, weil wir, wie Sie wahrscheinlich wissen, gerade die Palästinenser aus dem Libanon evakuieren.«

Lloyd ließ nicht locker. »Ich muß aber unbedingt in den Libanon. Ich vertrete ein Schiff. Wir möchten mit diesem Schiff in Ihr Land fahren.« Dann erklärte er die Aufgabe der Logos. Der Sachbearbeiter zog sich zu einem kurzen Gespräch mit dem Konsul zurück. Dann kam er wieder, bat Lloyd um seinen Paß und verschwand damit aufs Neue. Nach fünfzehn Minuten kam er zurück – mit dem Paß einschließlich Visumstempel und Unterschrift. Lloyd war verblüfft. War das eine Bestätigung der Führung Gottes? Nirgends bekommt man ein Visum innerhalb einer halben Stunde, zumindest hatte er das noch nicht erlebt.

Die einzige Möglichkeit in den Libanon zu kommen, war, eine der Fähren zu benutzen, mit denen die Palästinenser evakuiert wurden. Spät am selben Abend bestieg Lloyd eine dieser Fähren. Es gab keinen Aufenthaltsraum oder Kabinen, nur ein offenes Deck, auf dem Stühle herumstanden, die von Reportern, ihren Kamerateams und deren Ausrüstung belegt waren. Bevor die Fähre in den Libanon einreiste, überprüfte ein israelisches Kanonenboot alle Namen der Mannschafts- und Passagierliste. Am frühen Nachmittag erhielt die Fähre dann die Genehmigung, in den Hafen einzulaufen.

Bertil hatte versucht, dem Vertreter der Bibelgesellschaft in Beirut eine Nachricht zukommen zu lassen. Lloyd konnte nur hoffen, daß sie ihn erreicht hatte und der Mann am Kai auf ihn wartete. Als er ankam, schaute er sich jedoch vergeblich nach ihm um: Niemand war da.

Lloyd kannte nur den Namen des Mannes und des Vorortes, in dem er wohnte, aber keine Straße. Schließlich nahm er ein Taxi, fuhr in den Vorort und entdeckte dort eine Bibelschule, wo ihm jemand die genaue Adresse sagen konnte.

Als Loyd das Haus gefunden hatte, war der Mann, den er suchte, nicht zu Hause, aber seine Nichte versicherte ihm, daß er bald zurückkommen werde. Er solle doch Platz nehmen und sich wie zu Hause fühlen. Lloyd stellte seine Taschen ab, ging ins Wohnzimmer und erfrischte sich mit einem Glas kühlen Orangensafts. Als er sich gerade setzen wollte, wurde der Hang, auf dem sich das Haus befand, von ohrenbetäubendem Lärm erschüttert: Maschinengewehrsalven, Kanonenschüsse und Explosionen. »O nein!« seufzte Lloyd. »Wieso mußte ich auch mitten im Krieg in den Libanon kommen? Der Friede wird sicher nicht lange halten. Ob ich hier jemals wieder heil herauskomme?«

Wie betäubt stand Lloyd da und wußte nicht, wie er sich verhalten sollte. Sicherlich war es das Beste, in Deckung zu gehen, aber statt dessen ging er zur Tür. In diesem Augenblick stürzte die Nichte herein und rief: »Machen Sie sich keine Sorgen. Gerade wird die Wahl des neuen Präsidenten gefeiert.«

Eine Stunde später kam dann Lucien Accad, der Vertreter der Bibelgesellschaft, mit noch einem Christen nach Hause. Sie gerieten ganz außer sich, als sie hörten, daß die Logos in den Libanon kommen wolle. Lloyd mußte ihnen erklären, daß bis jetzt noch keine definitive Entscheidung gefällt worden sei. Dann wollte er wissen, an wen er sich wenden müsse, um herauszufinden, ob eine Einreise möglich sei. Diese einfache Frage löste einige Verwirrung aus. Die libanesische Regierung war sicherlich nicht zuständig. Lucien Accad nahm schließlich Kontakt mit seinem Cousin auf und fragte ihn um Rat. Der wußte auch nicht genau, an wen man sich wenden müsse, dachte aber an einen anderen Cousin, der beim Militär arbeitete und vielleicht mit dem richtigen Mann Kontakt aufnehmen konnte.

Früh am nächsten Morgen kam daraufhin dieser zweite »Cousin«, um Lloyd abzuholen. Er brachte ihn nach West-Beirut, führte ihn durch ein Labyrinth enger Gassen und kam schließlich zu einem kleinen Sportschuhgeschäft.

«Hier treffen wir uns?« fragte Lloyd ungläubig. »Ja, natürlich. Das ist der Schuhladen meiner Familie. Hier fühlt er sich am sichersten.«

Das paßte überhaupt nicht in Lloyds Vorstellung. Er hatte erwartet, in ein Regierungsgebäude zum Schreibtisch eines Beamten geführt zu werden. Aber dieser Laden? Lloyd überkam die Mutlosigkeit. Diese Unterredung würde nur Zeit vergeuden und ohne Ergebnis bleiben. Sicher war er in seinen Bemühungen in eine Sackgasse geraten.

Drei Minuten später schritten zwei große Männer in libanesischer Armeeuniform energisch in den Laden. Der eine hatte ein Funkgerät in der Hand, der andere ein Maschinengewehr. Der Mann mit dem Gewehr blieb an der Tür stehen, der andere ging in ein Hinterzimmer. »Geh mit ihm«, forderte der »Cousin« Lloyd auf und zeigte auf den Mann mit dem Funkgerät.

Im Hinterzimmer drehte der Armeeoffizier sich zu Lloyd um und fragte: »Was wollen Sie?«

»Nun, wir möchten mit der Logos in den Libanon einreisen.«

In den nächsten fünf Minuten erklärte Lloyd, was die Logos sei und warum er das Schiff in den Libanon bringen wolle. Er sprach über die Buchausstellung, aber er erklärte auch, daß die Logos ein christliches Schiff sei und daß ihre Besatzung das Anliegen habe, im Libanon die Botschaft von Jesus Christus zu verkünden. Während er dies alles erklärte, schaute der Offizier stumm auf ein Photoalbum mit Bildern vom Schiff, das Lloyd für die Unterredung zusammengestellt hatte. Lloyd beendete sein Ausführungen mit der zögernden Frage: »Was halten Sie davon?« Der Offizier sah von dem Album auf und blickte Lloyd direkt in die Augen: »Sie sind im Libanon willkommen.«

Völlig verwirrt von dieser Antwort stotterte Lloyd: »Vielen Dank. Ich freue mich, im Libanon willkommen zu sein. Aber was geschieht mit der Logos?« »Ja«, wiederholte der Mann, »Sie sind alle im Libanon willkommen.«

»Wollen Sie damit sagen, daß die Logos kommen kann?« »Ja, ja, genau das. Bringen Sie Ihr Schiff. Sie können auch schon heute nachmittag kommen. Ich werde alles vorbereiten.« »Ja, und muß ich denn sonst mit niemandem mehr sprechen?« »Nein, bringen Sie einfach Ihr Schiff.« Lloyd wußte nicht mehr, was er sagen sollte und bedankte sich schließlich unsicher. Der Offizier drehte sich um und ging. Lloyd sah ihn nie wieder.

Verwirrt nahm Lloyd das Photoalbum und ging in den vorderen Teil des Ladens zurück, wo sich inzwischen die ganze Familie versammelt hatte.

»Was hat er gesagt?« wollte der »Cousin« sofort wissen. »Daß wir im Libanon willkommen seien.« Als er das hörte, hüpfte der »Cousin« ganz außer sich vor Freude hin und her und dankte Gott. »Bedeutet das wirklich, daß die Logos kommen kann?« fragte Lloyd skeptisch. »Wir können zum Hauptquartier der Armee gehen und nachfragen, wenn du möchtest.« »Ja, laß uns gehen, damit ich hundertfünfzigprozentig sicher sein kann.«

Im Hauptquartier fanden sie einen Mann, der viele goldene Streifen auf den Schultern trug und sagten zu ihm: »Wir haben Herrn Sowieso getroffen, und er versicherte uns, daß die Logos in den Libanon einreisen könne.« »Ja, davon habe ich schon gehört. Wann kommt Ihr Schiff? Wir wollen die notwendigen Vorkehrungen treffen.«

»Mann«, dachte Lloyd, »das hat sich hier ja schnell herumgesprochen.« Jetzt war er überzeugt, daß die Logos tatsächlich in den Libanon kommen könnte. Eine schriftliche Genehmigung war nicht erforderlich. »Sie sind willkommen im Libanon.« Dieser eine Satz aus dem Mund eines einzigen Mannes, im Hinterzimmer eines Schuhgeschäftes war alles, was sie brauchten.

Voller Freude wollte Lloyd der Logos jetzt natürlich die gute Nachricht übermitteln. Das war schwieriger, als es klingt. Das Fernmeldeamt war in die Luft gesprengt worden. Nichts funktionierte mehr: Man konnte nicht telefonieren, die Telexmaschinen waren kaputt, Telegramme kamen nicht an. Lloyd platzte fast vor Ungeduld und wollte der Logos-Besatzung unbedingt die aufregende Neuigkeit erzählen. Reichlich frustriert, da es keine Möglichkeit dazu zu geben schien, suchte Lloyd schließlich einen Herrn Roukoz auf, der im Fernmeldewesen arbeitete. Die Sonne war schon untergegangen, als Lloyd endlich das richtige Haus gefunden hatte.

»Guten Tag, ich bin Lloyd Nicholas...« »Oh, ich habe schon den ganzen Tag auf Sie gewartet. Warum kommen Sie jetzt erst?« »Ich muß mit der Logos Kontakt aufnehmen...«, begann Lloyd. »Ja, ich weiß. Ich habe ein kleines UKW-Funkgerät in meinem Haus. Vielleicht gelingt es uns, eine Verbindung herzustellen. Ich werde versuchen, einen Schiffsmakler in Zypern zu erreichen. Vielleicht kann er uns mit dem Schiff verbinden.«

Binnen kurzem erreichte Herr Roukoz den Makler. Jetzt konnten sie nichts weiter tun und mußten warten, bis er sich wieder melden würde. Während sie so ungeduldig warteten, unterhielt sich Lloyd mit Herrn Roukoz und genoß einmal mehr die libanesische Gastfreundschaft. Eine halbe Stunde später rief der Makler zurück. Er hatte die Logos erreicht. Ein paar Minuten später sprach Lloyd mit Frank Fortunato, der auf der Kommandobrücke der Logos stand. Lloyd hörte ihn so deutlich, als stünde er mit ihm im gleichen Zimmer. Begeistert berichtete Lloyd über die Ereignisse des Tages. Sie beschlossen, die Logos in zwei Tagen einlaufen zu lassen.

Sie verabredeten, am nächsten Abend am gleichen Ort zur gleichen Zeit noch einmal Verbindung miteinander aufzunehmen. Aber so oft sie es auch versuchten, Lloyd konnte die Logos am nächsten Abend einfach nicht erreichen. Die normale Reichweite des Funkgerätes betrug nur 32 Kilometer, Zypern war aber fast 200 Kilometer entfernt! Nur aufgrund der ungewöhnlich guten Wetterbedingungen und der erhöhten Lage des Hauses hatte Lloyd das Schiff am Vorabend erreichen können. Wäre er ein paar Stunden früher oder später gekommen, wäre er vielleicht nicht durchgekommen. Lloyd wußte jedoch, daß das kein Zufall war. Gottes Hand war am Werk gewesen.

Da die Palästinenser aus Beirut evakuiert wurden, konnte das Schiff nicht in Beirut einlaufen. Statt dessen fuhr es nach Jounieh, einem kleinen Hafen sechs Kilometer nördlich von Beirut. Das Wasser am Kai war nicht tief genug für die Logos, deshalb mußte sie 500 Meter vom Land entfernt vor Anker gehen. Die Besucher wurden zuerst in dem Rettungsboot der Logos und später in einer Barkasse zum Schiff und wieder zurück transportiert.

Die Menschen im Libanon hatten den Krieg satt. Der Krieg brachte ihnen nur Leid und Schmerz. Hoffnung schien für sie ein Fremdwort geworden zu sein, Hilfe erwarteten sie von Menschen kaum noch. Mitten in diese Situation hinein sprach nun die Logos-Besatzung ihre Botschaft. Für viele, viele Menschen wurde dieser Besuch der Anfang eines Lebens mit wirklicher Hoffnung. Die einheimischen Christen waren erstaunt, nie zuvor hatten sie eine solche Offenheit erlebt.

Ein Missionar erzählte, daß in der Vergangenheit das Verteilen von Traktaten verboten gewesen sei. Jeder, der es versucht habe, sei schikaniert und die Traktate seien vernichtet worden. Jetzt wurden sie jedoch gerne angenommen und gelesen. An einer belebten Kreuzung konnten die Mitarbeiter in einer einzigen Stunde über 5000 Traktate verteilen.

Tagsüber gingen die Männer und Frauen der Logos von Haus zu Haus, verkauften christliche Bücher und unterhielten sich mit den Menschen. Freiversammlungen wurden abgehalten. Dreimal wurde im größten Einkaufszentrum der Stadt ein »Internationaler Abend« mit kulturellen Darbietungen und christlicher Verkündigung durchgeführt. Einige hundert Menschen standen im Kreis und schauten zu. Einmal unterbrach der Redner seine Verkündigung, zeichnete ein Kreuz und erklärte die Bedeutung des Kreuzestodes Jesu. Die Zuschauer applaudierten spontan.

Überall gab es Menschen, die von der Botschaft persönlich getroffen wurden und ihr Leben der Leitung Jesu Christi unterstellten. Viele andere kamen auf das Schiff, um mehr zu hören. Eine junge Dame, die den »Internationalen Abend« gesehen hatte, kam am nächsten Tag an Bord. Sie hatte in den Gesichtern der Vortragenden etwas bemerkt, was sie nicht besaß, aber gerne haben wollte. Sie nahm das Angebot Jesu an, empfing Vergebung für ihre Schuld und die Kraft, ein neues Leben zu führen. Sie hatte gefunden, was sie suchte.

Der für die Barkassen zuständige Mann hatte »Beziehungen«: Innerhalb von 24 Stunden hatte er einen Empfang für prominente Persönlichkeiten arrangiert, zu dem über neunzig Besucher kamen, darunter auch Würdenträger wie der ehemalige Präsident des Libanon, ein Schwager des neuen Präsidenten, der Patriarch der maronitischen Kirche. Noch viele andere hochgestellte Politiker und religiöse Führer sowie auch eine Reihe führender Geschäftsleute fanden sich ein. Sowohl in den offiziellen Reden als auch in den persönlichen Gesprächen bei Tisch oder anderswo erzählte die Logos-Besatzung von der Hoffnung, von der sie den Libanesen weitersagen wollte. Gegen Ende des Empfangs hielt der frühere Präsident spontan eine Rede.

Hunderte von Menschen besuchten die Buchausstellung, obwohl sie mit Barkassen zum Schiff fahren mußten. Als man sich am letzten Tag des Besuchs an Bord bereits auf die für sechs Uhr abends angesetzte Abfahrt vorbereitete, versuchten einige Menschen immer noch, zum Schiff zu gelangen und Bücher zu kaufen. Manche mieteten sogar private Barkassen. Außer den Lehr- und Sachbüchern wurden auch viele, viele christliche Bücher verkauft. Bischöfe und Priester der vorherrschenden Maronitisch-Katholischen Kirche kauften Bibeln und Kommentare.

Am 30. August verließ die Logos den Libanon. Eine Woche später wurde der neue Präsident ermordet und das Land wieder in blutige Unruhen gestürzt. Die Kämpfe nahmen kein Ende. Die wenigen Tage, die die Logos im Libanon verbracht hatte, waren die einzigen Tage relativen Friedens gewesen, die das Land seit langem erlebt hatte und noch erleben sollte. Wer außer Gott hätte diese Zeit des Friedens vorhersehen und den Besuch der Logos im Libanon genau zu dieser Zeit ermöglichen können?

Und am Himmel ein Regenbogen

«Vom ersten Tag an war ein unglaubliches Verlangen nach Bibeln zu spüren«, schrieb David Greenlee in seinen Bericht über den Besuch in Ushuaia, der südlichsten Stadt Argentiniens. »Am Eröffnungstag trugen die Pastoren stapelweise Bücher davon, einer nahm Bücher im Wert von 700 DM mit. Argentinien erlebt eine Erweckung, und die Bibeln reichen für die Nachfrage nicht aus. Während des Aufenthaltes der Logos besuchten über 9000 Menschen das Schiff. Ein sehr großer Anteil der verkauften Bücher waren christliche Bücher und Bibeln.«

Ushuaia war der 401. Anlaufhafen der Logos und Argentinien das 103. Land, das sie bis dahin als »Gottes Schiff« besucht hatte. David Greenlee beschreibt Ushuaia als »einen der sehenswertesten Häfen, den die Logos je besucht hat. Zerklüftete Felsen säumen die schmale Fahrrinne wie Wächter, auch mitten im Sommer liegt die Schneegrenze nur wenige hundert Meter über dem Meeresspiegel. Die Sonne verschwand nachts nur kurz unter dem Horizont. Am Silvesterabend glühte der Himmel noch um Mitternacht rot, die Bergspitzen schienen noch näher an unseren Kai heranzurücken.«

Am Abend des 4. Januar 1988 stach die Logos von Ushuaia aus Richtung Süden in See. Ursprünglich hätte sie um 16.00 Uhr abfahren sollen, aber man verspätete sich, da ein Zollbeamter darauf beharrte, daß bestimmte Papiere nicht in Ordnung seien. Die Angelegenheit konnte schließlich geklärt werden, und um kurz nach 19.30 Uhr machte sich das Schiff endlich auf die Reise durch den Beagle-Kanal, der für seine heimtückischen

Gewässer berüchtigt ist. Die Wetterbedingungen waren ausgezeichnet. Die Sicht war gut. Alles lief nach Plan. Der Kapitän war allerdings recht müde. Er wußte, daß er wahrscheinlich fast die ganze Nacht auf sein würde; daher hielt er es für das Beste, die Gelegenheit zu nutzen und vor Einbruch der Dunkelheit noch ein paar Stunden zu schlafen.

Kapitän Stewart schärfte dem diensthabenden Offizier und dem Lotsen ein, ihn zu rufen, falls sich das Wetter verschlechtern oder sonstige Komplikationen auftreten sollten. Dann ging er zu Bett und schlief sofort ein. Um 23.30 Uhr weckte ihn das Telefon aus tiefstem Schlaf. Nur mühsam kehrte er aus dem Land der Träume zurück in die Wirklichkeit und nahm den Hörer ab.

»Bitte komm sofort auf die Kommandobrücke!« bat ihn der diensthabende zweite Offizier.

Kapitän Stewart brauchte nicht erst nach draußen zu schauen, um zu merken, daß sich das Wetter verschlechtert hatte. Das Schiff hatte Schlagseite nach Backbord. Der Wind schien sehr stark zu sein. Über seinem Kopf hörte er ihn in den Masten pfeifen. In dem engen Kanal war nicht genug Wasserfläche für den Wind vorhanden, daß große Wellen hätten entstehen können. Aber das bedeutete nicht, daß kein Wind herrschte.

Der Kapitän kämpfte immer noch mit dem Schlaf und versuchte, auf dem Weg zur Kommandobrücke wieder wach zu werden. Der zweite Offizier begrüßte ihn mit der Nachricht, daß der Lotse das Schiff verlassen wolle. Ein großes, schwer zu steuerndes Lotsenboot, das nur provisorisch im Einsatz war, folgte der Logos und wartete darauf, den Lotsen an Bord nehmen und zurück zum Hafen bringen zu können. Der Bootsführer wollte sein schwerfälliges Boot nicht dem aufziehenden Sturm aussetzen. So drängte er den Lotsen, so bald wie möglich die Logos zu verlassen, solange sie sich noch in windgeschützten Gewässern befänden.

»Wir haben den Kanal aber noch nicht durchquert«, wandte der Kapitän ein. »Ab jetzt ist es nicht mehr gefährlich«, versicherte ihm der Lotse und zeigte auf der Karte den Kurs zwischen den nächsten beiden Hindernissen hindurch, die letzten Hindernisse vor dem offenen Meer, die kleinen Inseln Snipe und Solitario.

Kapitän Stewart wußte, daß das Schiff, sobald es einmal das offene Meer erreicht hätte, der ganzen Gewalt des Sturmes, der mit bis zu Windstärke 8 wütete, ausgesetzt sein würde. Das Schiff würde wild schaukeln und stampfen, aber es war ja gut gegen Sturm gerüstet. Alle Bücher, Fahrzeuge und sonstigen beweglichen Gegenstände waren sicher befestigt. Der Logos stünde zwar schwerer Seegang bevor, aber sie wäre nicht in Gefahr.

Für das schwerfällige Lotsenboot sah die Lage anders aus. Kapitän Stewart wußte, daß es schwierig, wenn nicht unmöglich sein würde, den Lotsen unter diesen Bedingungen von Bord zu lassen.

»Laß ich ihn gehen oder nicht?« fragte sich der Kapitän immer wieder. »Schließlich müssen wir ja nur zwischen den beiden Inseln hindurch. Der Lotse kennt sich hier am besten aus. Wenn er sagt, daß es ungefährlich ist…«

»Na, gut«, meinte er schließlich widerwillig, »wenn Sie wirklich sicher sind, daß ich das Schiff gefahrlos durchbringen kann, lasse ich Sie gehen.«

Der Lotse, der es offensichtlich eilig hatte, das Schiff zu verlassen, versicherte ihm, es sei ganz ungefährlich. Dann nahm er per Funk mit seinem Boot Kontakt auf und ging in Begleitung des Zweiten Offiziers auf ein unteres Deck. Während die Logos ihre Geschwindigkeit sehr stark reduzierte, versuchte das Lotsenboot, längs an das Schiff heranzufahren. Die Logos war nahe am Ufer und deshalb windgeschützt. Noch geschützter war das Lotsenboot, da es sich der Logos von der Leeseite her näherte. Trotzdem gelang es dem Bootsführer fast nicht, das unhandliche Boot längsseits der Logos zu manövrieren.

Der Lotse kletterte die übliche Lotsenleiter hinunter, aber jedesmal, wenn er auf das Lotsenboot springen wollte, hoben die Wellen das Boot hoch und zogen es von der Logos weg. Hastig kletterte der Lotse wieder die Leiter hoch, damit er sich nicht den Fuß einquetschte. Also startete das Lotsenboot einen neuen Anlauf. Beim dritten Anlauf ließ der Lotse schließlich die Leiter los und sprang zurück in sein Boot, wo er aufgefangen wurde. Das Lotsenboot drehte ab und fuhr nach Ushuaia zurück.

Bis der Lotse von Bord gegangen war, waren vielleicht acht oder zehn Minuten vergangen. Um das Manöver zu erleichtern, war die Maschine der Logos auf ganz langsam beordert worden. Dadurch war sie während dieser kurzen Minuten immer näher an die Südwestspitze von Snipe herangedriftet. Kapitän Stewart war erleichtert, daß der Lotse die Logos unverletzt verlassen hatte, und begann, das Schiff von der Insel weg wieder in den Kanal zwischen Snipe und Solitario hinein zu steuern.

Als das Schiff langsam drehte, bemerkte der Kapitän, daß es sich gefährlich nahe auf die Insel Solitario zubewegte. Sofort gab er Anweisung, den Kurs zu ändern, um freizukommen.

Was dann passierte, war für Kapitän Stewart völlig unvorhersehbar. Der Lotse hatte dem Kapitän klare Anweisung gegeben, welchem Kurs er folgen und wie er das Radar benutzen sollte. Die Lage der Inseln sowie die unter Wasser verborgenen Felsen waren auf der Seekarte eindeutig eingezeichnet. Es gab aber noch eine nicht zu unterschätzende Gefahr; ein Kapitän, der sich in diesen Gewässern nicht auskannte, konnte das nicht wissen: Die von Nordwesten her in den engen Kanal zwischen den

Inseln drängenden Wassermassen verursachten eine sehr starke Strömung. Diese Strömung trieb das Schiff mit enormer Gewalt auf die Felskante von Solitario zu. Außerdem verließ die Logos beim Drehen den Windschutz der nahegelegenen Küste und bekam so die volle Kraft des starken Südwestwinds zu spüren. Da Kapitän Stewart mit diesen beiden Faktoren nicht gerechnet hatte, konnte er den empfohlenen Kurs nicht einhalten.

»Das ist ja vielleicht seltsam«, rief er verblüfft, »das Schiff kommt überhaupt nicht vorwärts!«

Die Logos schien festzuliegen. Der Eindruck des Stillstands war so stark, daß der Kapitän die Drehzahlmesser der Maschinen überprüfte, um festzustellen, ob die Maschinen ausgesetzt hätten. Aber nein, sie zeigten immer noch 105 Umdrehungen pro Minute an. Nun wurde ihm klar, daß sie tatsächlich in eine sehr starke Strömung geraten sein mußten. In ein bis zwei Minuten hatte sich das Schiff etwa 500 Meter nach steuerbord bewegt. Immer weiter trieb es ab und lief dann auf das unter Wasser liegende Felsriff auf.

Der Kapitän hörte und spürte den Aufprall und stoppte sofort die Motoren. Es war fünf Minuten vor Mitternacht.

Jeder Kapitän hat insgeheim Angst davor, einmal Schiffbruch zu erleiden. Plötzlich und ohne Vorwarnung war nun dieser schreckliche Alptraum Wirklichkeit geworden. Jonathan Stewart fühlte sich hundeelend und wünschte sich an einen anderen Ort. Aber es war wahr. Es war passiert und nicht mehr rückgängig zu machen. So zwang er sich, nicht an das zu denken, was gewesen wäre wenn und konzentrierte seine ganze Kraft darauf, das Schiff aus seiner mißlichen Lage zu befreien.

Der Leitende Ingenieur Dave Thomas ruhte sich in seinem Büro aus und wartete darauf, nachdem der Lotse von Bord gegangen war, die Anweisung »Volle Kraft voraus« zu bekommen. Aber statt des erwarteten Signals hörte er plötzlich ein Knirschen und spürte eine starke Erschütterung durch das ganze Schiff. Er sprang auf und rannte hinunter in den Maschinenraum. Auf dem Weg dorthin merkte er, daß der Hauptmotor plötzlich stand. Er stürmte in den Maschinenraum, doch da schien alles in Ordnung. Der diensthabende Ingenieur Benjamin hatte gerade den Motorhebel zurückgeschwenkt und notierte seelenruhig in das Logbuch, daß der Motor stand.

Dave wußte, daß etwas Schlimmes passiert war. Er hatte die Erschütterung gespürt. Sein erster Gedanke war, daß das Schiff etwas gerammt hatte. Innerhalb von wenigen Minuten fand sich auch die restliche Maschinen-besatzung ein. Systematisch untersuchten sie den Maschinenraum auf einen möglichen Schaden, konnten aber keinen finden.

Das Telefon schrillte. Dave wurde gebeten, schnell-stens auf die Brücke zu kommen. Oben im Ruderhaus empfing Kapitän Stewart ihn mit den Worten: »Allem Anschein nach haben wir zu spät gedreht und ein Riff gerammt. Wir sitzen fest.« Dave wurde beauftragt, das restliche Schiff auf Schäden hin zu untersuchen.

Im Laderaum Nr. 2 entdeckte Dave, daß die Tank-decke des Wassertanks an einer Stelle eingedrückt war. Die darüber befindlichen Regale waren zusammenge-brochen, die Bücher lagen verstreut auf dem Boden. Offensichtlich war der Boden des Schiffes stark defor-miert, aber es drang kein Wasser ein.

Zurück im Maschinenraum peilten die Ingenieure die Wassertanks unter dem Laderaum Nr. 2: Aus den Peil-rohren kam Brackwasser; das bedeutete, daß der Tank ein Leck hatte und Meerwasser eingedrungen war. Die Wassertanks unter Laderaum Nr. 1 konnten nicht gepeilt werden. Als die Ingenieure jedoch versuchten, sie zu len-zen, sank der Wasserspiegel nicht. Das Wasser, das sie aus den Tanks pumpten, war Brackwasser. Damit wußten die Ingenieure, daß auch diese Tanks von den Felsen von außen aufgerissen worden waren.

Dave ging auf die Kommandobrücke, um den Kapitän zu informieren und die Lage zu besprechen.

Wenn ein Schiff auf Sand oder Schlick aufläuft, können ihm bis zu einem gewissen Maße die gewaltigen Wellen nichts anhaben. Ein auf ein Riff aufgelaufenes Schiff ist der Wucht des Sturmes jedoch völlig ausgeliefert. Die Wellen heben es abwechselnd hoch und schleudern es dann wieder mit gewaltiger Kraft auf den harten und oft zerklüfteten Felsen zurück. Viele Schiffe, die von einem Riff befreit werden können, sinken, sobald sie frei sind. Die Logos schlug hart auf den Felsen. Jonathan und Dave befürchteten, daß das Schiff zu lange diesen harten Stößen ausgesetzt sein könnte.

Der Kapitän sah vor allem zwei Möglichkeiten, nun vorzugehen: Er könnte entweder das Schiff so lassen wie es war, auf das nächste Hochwasser in 24 Stunden warten und in der Zwischenzeit einen starken Schlepper zu Hilfe rufen. Oder er könnte die steigende Flut ausnutzen, die in vier oder fünf Stunden mit 2,5 m Unterschied ihren Höchststand erreichen sollte, und versuchen, das Schiff mit eigener Kraft freizubekommen.

Dave schlug vor, das Schiff durch das Lenzen der Tanks leichter zu machen. Er und der Kapitän glaubten, durch das Lenzen und mit Hilfe der steigenden Flut gute Chancen zu haben, das Schiff zu befreien. Dave ging nach unten, um das langwierige Lenzen der Tanks zu überwachen. Kapitän Stewart nahm mit dem Lotsen Kontakt auf und bat ihn, zurückzukehren und mit seiner Ortskenntnis zu helfen, die Logos zu retten.

Ungefähr eine Stunde, nachdem er die Logos verlassen hatte, stieg ein sichtbar erschrockener Lotse wieder an Bord. Vorwurfsvoll fragte er den Kapitän: »Warum haben Sie nicht meine Anweisungen befolgt?« »Das habe ich versucht«, antwortete Kapitän Stewart kurz angebunden, »aber wie Sie wissen, herrscht hier eine sehr starke Strömung.« Der Lotse gab keine Antwort und lief auf der Kommandobrücke ruhelos auf und ab.

Zehn Minuten später kam ein Fregattenkapitän der chilenischen Marine an Bord, denn das Unglück war in chilenischen Gewässern passiert. Der chilenische Kapitän war ein hochqualifizierter Mann mit viel Erfahrung auf dem Gebiet der Schiffsbergung. Außerdem kannte er die Gewässer so gut wie seine eigene Westentasche. Die drei Männer, der Kapitän der Logos, der Lotse und der chilenische Kapitän, bildeten ein Bergungsteam, das in den nächsten vier oder fünf Stunden verzweifelt versuchte, das Schiff freizubekommen. Ein Schlepper der Marine wurde aus Ushuaia zur Unterstützung angefordert.

Etwa zu dieser Zeit richtete sich Judith Fredricsen, die junge Frau im Schiffshospital, auf und hob ihr verunglücktes Bein über den Bettrand, um herausfinden zu können, was für Geräusche sie da geweckt hatten. Sie erzählt, was dann passierte:

»Einer der Jungs kam auf die Krankenstation gerannt, um nachzusehen, ob bei mir alles in Ordnung sei. Er lief herum und sagte allen, sie sollten ihre Schwimmwesten anziehen und aufs Bootsdeck gehen. Da ich auf der Krankenstation lag, wußte ich nicht, wo meine Schwimmweste war. Er fand sie und bat ein Mädchen, sich um mich zu kümmern.

Im Sicherheitstraining wurde uns immer eingeschärft, daß wir im Seenotfall zwei Paar Hosen, Strümpfe usw. anziehen sollten. Nun hatte ich ja noch diesen Gips am Bein. Ich konnte unmöglich Hosen anziehen. Alles, was ich im Krankenzimmer hatte, war ein Rock; also zog ich den an. Das zeigt schon, daß ich nicht wirklich damit rechnete, daß wir das Schiff verlassen müßten.

Dann hüpfte ich zu meiner Kabine nach nebenan und bat ein Mädchen, mir meinen blauen Pullover herüberzuwerfen, meinen Lieblingspullover. Falls irgend etwas passierte, wollte ich wenigstens den dabei haben. Aber sie hatte mich nicht richtig verstanden und warf mir einen anderen Pullover zu. Das war mein Glück, denn der war viel wärmer.

Ich hüpfte zum Speisesaal und Aufenthaltsraum hoch. Alle liefen herum, aber niemand wußte genau, was zu tun war. Die Leute reagierten ganz unterschiedlich. Einige hatten offensichtlich große Angst. Ein junger Kerl, der neu auf dem Schiff war, weinte. Viele waren völlig verwirrt. Andere lächelten nur und benahmen sich wie immer, als ob nichts geschehen wäre. Das war auch meine Reaktion. Ich machte mir keine ernsthaften Sorgen.

Die Ärztin kam zu mir nach oben, sie hatte mich gesucht. Sie untersuchte mich und gab mir Schmerztabletten für den Fall, daß ich auftreten müßte.

»Hast du keine Hosen?« fragte sie mich besorgt. »Wie soll ich die denn über den Gips kriegen?« »Ich hol' dir trotzdem deine Jeans. Falls wir in die Rettungsboote müssen, können wir sie immer noch aufschlitzen und dir irgendwie überziehen.«

David Greenlee und seine Frau Vreni waren um 23.00 Uhr zu Bett gegangen. Als das Schiff dann kurz vor Mitternacht auf das Riff prallte, schreckte Vreni aus dem Schlaf: »Was ist los? Was ist los?«

»Ich wußte sofort, daß wir aufgelaufen waren«, erinnert sich David und beschreibt die folgenden Ereignisse:

»Wir zogen uns schnell warme Sachen und die Schwimmwesten an und packten unsere anderthalbjährige Tochter Rebekka warm ein.

Dann hörten wir eine Ansage, daß wir uns alle im Speisesaal einfinden sollten, aber einige haben das anscheinend nicht gehört. Ich spürte deutlich, daß es meine Aufgabe war, die Anwesenden im Gebet und Singen zu leiten.

Der Anglikanische Bischof von Punta Arenas hatte vor kurzem in einem Bordgottesdienst aus Psalm 61 vorgelesen, und ich hatte den Psalm gerade in meiner persönlichen Andacht gelesen. Also begannen wir mit diesem Psalm. Tom Jarrett ging ans Klavier. Alles geschah sehr spontan. Ich wartete, bis sich etwa 50 Leute eingefunden hatten, aber dann merkte ich, daß wir jetzt anfangen mußten, bevor Unruhe und Sorge aufkommen konnten.

Am Nachmittag hatte ich mich mit einem jungen Mann unterhalten, irgendwie waren wir auf das Thema Frieden mit Gott gekommen. Deshalb hatte ich noch viele Verse über den Frieden frisch im Gedächnis. Wir begannen, um Frieden zu beten.«

Immanuel Böker war so beunruhigt, daß er während der Gebetsversammlung einfach nicht stillsitzen konnte. Er stand auf und ging nach unten in die Laderäume.

»Der Laderaum Nr. 1 war völlig trocken. In Laderaum Nr. 2 waren einige Bücher von den Regalen gefallen, aber nicht sehr viele. Wir stellten sie wieder in die Regale, aber der Zimmermann meinte, das sei unnötig. Wir taten es trotzdem.

Alle zehn Minuten überprüften wir die Schlagseite des Schiffes. Jemand hatte einen Bleistift an ein Stück Schnur gebunden und beides wie ein Senkblei an ein Regal gehängt. Hinter dem Regal war eine silbern verkleidete Stahlwand, auf der man gut mit Bleistift schreiben konnte. Alle zehn Minuten machten wir eine Markierung und konnten so erkennen, wie stark die Schlagseite des Schiffes war. Ich erinnere mich noch gut, wie das Schiff von einer Seite zu anderen schwankte und dann wieder aufrecht stand. Es rutschte auch vor und zurück, unter dem Rumpf knirschte es bei jeder Bewegung. Nach jedem Vor- und Zurückgleiten gab es einen dumpfen Schlag.«

Fast alle Besatzungmitglieder, die nicht im Einsatz waren, schlossen sich der Gebetsgemeinschaft im Speisesaal und Aufenthaltsraum an. Der Kapitän kam herunter und erklärte kurz, was passiert war und was unternommen worden war. Er versicherte den Leuten, daß es keinen Grund zur Sorge gäbe. In wenigen Stunden sei Flut, dann müsse das Schiff eigentlich freikommen. Bis dahin könne, wer wolle, in seine Kabine zurückkehren. »Behaltet nur eure Schwimmwesten in Reichweite«, warnte er noch.

Grantley Sherwood schreibt: »Wir glaubten fest daran, daß es nur eine Frage der Zeit sei, bis wir wieder frei wären. Wir tranken heißen Kakao und verbrachten eine schöne Zeit mit gemeinsamem Gebet und fröhlichem Singen.

Dann ging ich zurück zu Bett, um noch etwas zu schlafen, da man mich gebeten hatte, von 4.00 bis 8.00 Uhr bei der Wache mitzuhelfen. Ich konnte aber nicht einschlafen, weil ich unwillkürlich auf die Geräusche des Hauptmotors achtete, der auf ›volle Kraft zurück‹ arbeitete. Dieses Dröhnen wurden nur durch gelegentliches Schrammen und Knirschen unterbrochen. Dann heulte der Motor auf, und das Schiff bewegte sich einige Meter zurück. Erneut Stillstand, wieder begann der Motor zu arbeiten. Die Schiffsschraube peitschte das Wasser und versuchte mit letzter Kraft, das Schiff vom Felsen zu befreien. Am liebsten hätte ich das Schiff angefeuert, angefleht, angeschoben, ich hätte alles getan, um ihm in seiner Not zu helfen.«

Ursula Böker brachte ihre beiden kleinen Kinder nach oben, so daß sie an der Gebetsversammlung teilnehmen konnte. Ungefähr eine halbe Stunde saßen sie ruhig auf dem Schoß von Ursula und einer anderen jungen Frau. Als die Müdigkeit jedoch nachließ, kletterten sie herunter und begannen zu spielen und herumzutoben. Die starke Schräge des Fußbodens eignete sich prima zum Rutschen. Immer wieder liefen sie zur höheren Seite des Raumes und rutschten zur tieferen Seite herunter. Für sie hatte die ganze Situation offensichtlich nichts Erschreckendes oder Beängstigendes an sich.

Die meisten Besatzungsmitglieder glaubten nicht, daß dem Schiff etwas Ernstes zustoßen würde. Auch der Kapitän hatte sie beruhigt. Die Zuversicht wuchs, denn die Stunden vergingen, ohne daß sich die Lage des Schiffes wesentlich verschlechtert hätte. David Greenlee war einer der wenigen, die vom ersten Augenblick an davon überzeugt waren, daß das Schiff verloren war. Als er später gefragt wurde, warum er nicht seine Kamera und Dias und diese Dinge mitgenommen habe, erklärte er:

»Zwischendurch war ich kurz in meinem Büro, um einen Mantel zu holen. Ich warf einen Blick auf meine Kamera und meinen Computer, dachte an meine kleine Tochter Rebekka und fällte dann eine bewußte Entscheidung.

Ich ließ alles zurück, weil ich nicht wollte, daß mich irgend etwas daran hinderte, Rebekka zu tragen. Obwohl ich lange Arme habe, konnte ich sie kaum festhalten wegen der dicken, umständlichen Schwimmweste. Wir haben dann später doch noch eine kleine Tasche mit einigen wenigen Dingen, meinem Rasierapparat, den Zahnbürsten gepackt. Aber all diese Dinge waren nicht mehr wichtig.«

Während all das geschah, versuchten die Ingenieure, das Wasser aus den Tanks zu pumpen. Sie brauchten sehr lange dazu. David Thomas erzählt die Ereignisse aus seiner Sicht:

»Wir pumpten den Tank auf der Steuerbordseite leer. Im Backbordtank waren nur noch etwa fünf Tonnen

Wasser. Um ungefähr 4.30 Uhr schien das Schiff schon recht leicht zu sein. Der Hauptmotor lief auf vollen Touren auf rückwärts, Funken und Qualm kamen aus dem Schornstein. Es schien, als ob wir jeden Augenblick freikommen würden. Zwischen 4.00 und 4.30 war von unterhalb des Maschinenraums zur Backbordseite hin ein Rumpeln zu hören. Wir wußten, daß da irgend etwas passierte, aber es hörte sich tatsächlich so an, als ob wir es gleich geschafft hätten.

Um 4.40 Uhr kam ein Anruf von der Kommandobrücke, ich solle sofort in den Laderaum Nr. 2 kommen. Ich ging hinunter. Von der deformierten Backbordseite her drang Wasser ein, aber das Leck war nicht sehr groß. Während wir noch so dastanden und mit dem Schiff auf und ab schaukelten, drang plötzlich von dem über uns gelegenen Zwischendeck her Wasser ein. Ich ging nach oben, um nachzusehen. Riesige Wassermengen strömten durch die ehemalige Sonarröhre, die unterhalb des Schiffes dicht gemacht worden war, ins Schiff.

Ich rief auf der Kommandobrücke an und informierte den Kapitän, daß das Wasser mit einer solchen Geschwindigkeit eindrang, daß es nicht mehr hinausgepumpt werden konnte.«

Die Lage verschlechterte sich so rapide, daß der Kapitän an alle die Anweisung gab, die Kabinen zu verlassen und sich warm angezogen oben auf dem Deck an Steuerbordseite einzufinden. In der Zwischenzeit beratschlagten der Kapitän, der Leitende Offizier und der Leitende Ingenieur auf der Kommandobrücke. Sie waren sich einig, daß das Schiff nicht mehr zu retten war. Es gab keine Wahl, alle mußten das Schiff verlassen – je schneller, desto besser. Um 5.00 Uhr ordnete der Kapitän an, die Rettungsboote fertig zu machen. Zehn Minuten später erteilte er den Befehl, das Schiff zu verlassen.

Seit das Schiff auf das Riff aufgelaufen war, hatte die Schlagseite meistens etwa 10 Grad betragen. Aber jetzt, seit das Wasser eindrang, verstärkte sich die Schlagseite rasch. Als der Befehl zum Fertigmachen der Rettungsboote gegeben wurde, betrug die Neigung 17 Grad, eine Stunde später 40 Grad.

Die Schlagseite war nicht nur ungewohnt und unangenehm – es war nicht ganz einfach, sich auf Deck zu bewegen –, sondern erschwerte das Verlassen des Schiffes in sehr gefährlicher Weise. Ungefähr dreißig Besatzungsmitglieder waren in der Bedienung der Rettungsboote ausgebildet worden. Während ihrer strengen Ausbildung war ihnen gesagt worden, daß im Ernstfall alles so ablaufen würde, wie sie es gelernt hatten und daß die Rettungsboote bei einer Neigung von bis zu 15 Grad problemlos heruntergelassen werden könnten. Die Logos hatte aber bereits 17 Grad Schlagseite, die weiter zunahm.

Jede Woche hatte die gesamte Besatzung an Rettungsbootübungen teilnehmen müssen. Jetzt war der Ernstfall eingetreten, und jeder wußte, wie er sich zu kleiden hatte, wohin er zu gehen und was er zu tun hatte. Ruhig, mechanisch, ohne richtig zu begreifen, daß die Ereignisse um sie herum tatsächlich Realität waren, führten sie aus, was sie gelernt hatten. Keine Panik, kein Drängeln, kein Geschrei.

Die meisten Rettungsboote wurden mit Hilfe einer Winde von den Böcken gehoben, auf denen sie standen, und parallel zum Bootsdeck über das Wasser geschwenkt. Während das Boot an der Schiffswand gehalten wurde, stiegen die Leute ein. Sobald alle im Boot waren, wurde es vorsichtig heruntergelassen. Zur größeren Sicherheit wurden noch drei Greifleinen über die Reling geworfen, an denen sich so viele wie möglich festhielten, während das Boot abwärts schwebte.

Unter normalen Umständen war das ein einfaches Unternehmen. Aber die Umstände waren nicht normal. Die Logos drängte so stark nach Backbord, daß die Rettungsboote nicht so hingen, wie sie hängen sollten. Die Boote auf der Steuerbordseite wurden gewaltsam an die Seite des Schiffes gedrückt, während die Backbordboote etwa zwei Meter von der Bordwand entfernt hingen.

Auf der Backbordseite, der niedrigeren Seite des Schiffes, war es deshalb schlicht unmöglich, die Rettungsboote zu besteigen. Die zweieinhalb Tonnen schweren Boote mußten also an die Seite der Logos herangezogen und dort sicher festgehalten werden, bis die Besatzung einsteigen konnte. Dann wurden die Boote langsam ins Wasser gelassen. Für die Passagiere war es ein beklemmender Augenblick: Drohend hing über ihnen die Logos. Sie befanden sich nicht neben, sondern unter dem Schiff; wenn es kenterte, würde es genau auf sie kippen.

Andy Toncic ging auf der niedrigeren Schiffsseite zu seiner Rettungsstation. »Als ich das Bootsdeck erreichte, merkte ich, wie ernst unsere Lage war. Das Schiff hatte so starke Schlagseite, daß die Leute einfach das Deck hinunterrutschten und manchmal fast in die Rettungsboote oder ins Wasser gefallen wären.« Als er sein eigenes Rettungsboot auf der höheren Seite des Schiffes erreicht hatte, sah er, wie drei Männer versuchten, einen Behälter mit einem Rettungsfloß über Bord zu werfen. Er wollte helfen. »Die Neigung war so stark, daß wir es selbst zu viert nicht schafften. Plötzlich machte das Schiff einen Ruck nach links, und der über hundert Kilo schwere Behälter rutschte uns aus den Händen. Die auf der unteren Plattform Stehenden hielten ihn fest. Es war kaum zu glauben, daß niemand verletzt wurde.«

Als Andys Rettungsboot Nr. 1 hinuntergelassen wurde, blieb es an der Deckskante hängen und kippte. Alle Insassen hielten sich an den Greifleinen fest, so daß keiner hinausfiel. »Was machen wir jetzt bloß?« fragten sie sich erschrocken.

»Warum klettern wir nicht alle an Deck?« schlug jemand vor. »Dann können wir das Boot weit genug von der Bordwand wegstoßen, um das Hindernis zu überwinden.« Der Bootsmann griff den Vorschlag auf und wies die für das Rettungsboot Zuständigen an, den Insassen wieder an Deck zu helfen. Dann setzten sich drei Männer auf die Reling der Logos und stemmten ihre Füße gegen das Rettungsboot. Als das Boot dann hinunterglitt, stießen sie es mit all ihrer Kraft von der Bordwand weg. Kaum hatte das Boot sicher das Hindernis überwunden, da schwang es plötzlich und ruckartig in den offenen Gang des darunterliegenden Decks. Wären Insassen in dem Boot gewesen, hätten sie leicht in das eiskalte Wasser geschleudert werden können. Einige Männer drückten das Boot wieder an der Reling vorbei. Dort ließen sie es vorerst hängen, so daß die Leute wieder einsteigen konnten.

Noch waren jedoch nicht alle Probleme überwunden: Genau dort, wo das Boot hinuntergleiten sollte, war in der seitlichen Bordwand eine Öffnung des Kühlsystems, aus der in hohem Bogen Wasser spritzte. Der Gedanke an ein Vollbad und ein überschwemmtes Boot erfreute niemanden, aber es schien unvermeidlich zu sein. Als sich das Boot jedoch der Öffnung näherte, versiegte der Wasserstrahl plötzlich. Ohne weitere Zwischenfälle setzte das Boot seinen Weg fort und erreichte sicher das Wasser. Die Aussetzvorrichtung wurde entfernt, und das Boot fuhr zu einem der Schiffe, die darauf warteten, die Überlebenden an Bord zu nehmen. In dem Rettungsboot befanden sich auch die beiden kleinen Kinder der Familie Böker. Sie fanden das Ganze unwahrscheinlich interessant. Salome, die sich normalerweise vor allem Unbekannten fürchtete, lachte und stampfte mit den Füßen.

Judith Fredericsen war im Rettungsboot Nr.3 auf der oberen Schiffsseite:

»Mittlerweile hatte ich es aufgegeben zu hüpfen. Es war gar nicht möglich, in das Rettungsboot zu klettern, ohne das Bein zu belasten. Also sprang ich einfach rein. Zusammen mit den Müttern und Kindern ließ man mich vor. Zwar kam ich mir gar nicht so invalide vor, aber alle nahmen Rücksicht auf mich.

Das Rettungsboot Nr.1 vor uns geriet in Schwierigkeiten. Als es hinuntergelassen wurde, schlingerte es auf das nächste Deck und blieb stecken. Unsere Männer meinten: »Wir brauchen nicht das gleiche zu machen. Steigt aus und geht aufs nächste Deck, wir werden euch von dort aus ins Boot helfen.«

Jetzt fing ich doch an, mir Sorgen zu machen. Was würde passieren, wenn wir keine Zeit mehr hätten, das Deck zu erreichen und wieder einzusteigen?

Um die Treppe zu erreichen, mußten wir das nasse und schlüpfrige Deck vor der Cafeteria überqueren. Die Bänke waren alle zur tieferliegenden Seite des Decks hinuntergerutscht. Wir konnten uns an nichts festhalten. Die meisten warteten, bis das Schiff einmal halbwegs ruhig lag, und rannten dann los. Ich konnte nicht rennen. Einige sind tatsächlich gestürzt und rutschten bis zur unteren Deckskante herunter. Ich hatte ziemliche Angst auszurutschen, konnte mich aber an jemandem festhalten. Gemeinsam schafften wir es.

Wir gingen die Treppe hinunter und den Durchgang entlang, aber dann bekam ich einen Schrecken: Unser Rettungsboot befand sich auf der gleicher Höhe mit der Reling, wir mußten erst auf die Reling hinauf und dann hinunter ins Boot klettern. Jemand half mir – er mußte mich regelrecht ins Boot werfen.«

Das Rettungsboot Nr.3 sollte als letztes Boot das Schiff verlassen, da es den Kapitän an Bord hatte. Auch der Leitende Ingenieur war an Bord. Als Dave Thomas zusah, wie das erste Rettungsboot hinuntergelassen wurde, rief er entsetzt aus: »Du meine Güte, ich muß die Generatoren abschalten, um den Kühlwasserstrahl zu stoppen!« »Ist das denn möglich«, fragte der Kapitän erstaunt. »Ja, aber ich muß runter auf die Ebene der Ausgleichtanks und sie direkt an den Tanks abstellen.«

Er rannte hinunter und war nach wenigen Minuten zurück. »Das war's«, meinte er zufrieden. »Alles ist abgestellt. Preist den Herrn!«

Das war es gewesen, was das Rettungsboot Nr.1 davor bewahrt hatte, von dem aus der Bordwand spritzenden Wasserstrahl überschwemmt zu werden.

Alle sechs Rettungsboote gelangten sicher ins Wasser. Die beiden motorisierten Boote sammelten die Ruderboote und auch die ungenutzten Rettungsflöße ein. Mit ihnen im Schlepptau fuhren sie zu den chilenischen Kriegsschiffen, die ungefähr 500 Meter entfernt waren. Um 5.30 Uhr, dreißig Minuten nach dem Befehl, die Rettungsboote vorzubereiten, waren alle sicher an Bord der wartenden Schiffe.

»Ich habe viele Briefe bekommen«, erzählte der Kapitän später. »Viele konnten es kaum glauben, daß wir ohne einen Kratzer davongekommen waren. ›Wie habt Ihr das bloß geschafft? Ihr müßt wirklich außerordentlich gut gedrillt gewesen sein. Selbst erfahrene Seeleute verletzen sich.‹ Nun, ich bin überzeugt, daß Gott uns beschützt hat.«

Als sich die Rettungsboote den Marineschiffen näherten, blickte die Besatzung auf die Logos zurück. Der Abstand wurde immer größer. Erst jetzt wurde vielen die Tragweite dessen, was geschah, richtig bewußt. Sie würden das Schiff, das über Monate oder Jahre ihre Heimat gewesen war, nie wiedersehen. Grantley Sherwood drückte seine Gefühle so aus:

»Als ich an Bord des Kriegsschiffes geklettert war, schaute ich auf die Logos zurück. Ich wußte, daß ihre Zeit vorüber war. Ich fing an zu weinen. Siyabullela (aus Kapstadt) lehnte seinen Kopf an meine Schulter und betete für mich. Ich betete mit, und nach wenigen Minuten spürte ich, wie mich Gottes Freude und Friede durchströmten. Jemand stimmte das Lied ›Gott ist so gut… er ist so gut zu mir‹ an, und alle sangen mit. Mitten auf dem Kriegsschiff hatten wir eine richtig gute Zeit der Anbetung und des Lobpreises. Gott hatte sich als treu erwiesen: Er hatte das Schiff durch Nacht und durch Sturm hindurch bewahrt. Erst als wir das Schiff gefahrlos verlassen konnten, ließ er den Wassereinbruch zu. Er wachte über jedes Menschenleben an Bord und bescherte uns sogar noch ein Frühstück in Puerto Williams. Wir hatten nicht eine einzige Mahlzeit versäumt – ist Gott nicht großartig?«

Als David Greenlee an jenem Morgen auf das Achterdeck der Logos gegangen war, hatte er einen leuchtenden Regenbogen am Himmel gesehen: »Er leuchtete erstaunlich hell. Ich hatte zwei oder drei Wochen zuvor gerade Hesekiel 1,28 gelesen. Hesekiel hatte vor dem Herrn gestanden und beschrieb seine Erfahrung so: ›Wie der Anblick des Regenbogens, der sich an einem Regentag in den Wolken zeigt, so war der helle Schein ringsum. So etwa sah die Herrlichkeit des Herrn aus.‹«

Als sich die Besatzung der Logos von dem Schiff entfernte, stand der Regenbogen immer noch in den Wolken. Er dehnte sich über den ganzen Himmel aus und traf genau dort den Horizont, wo die Logos im Wasser lag – verlassen und ihrem Untergang preisgegeben.

Nachwort

Ein neuer Anfang?

139 Menschen im Alter zwischen sechs Wochen und 59 Jahren wurden von der Logos evakuiert und an Land gebracht. Trotz der schwierigen Rettungsaktion wurde niemand verletzt. Die chilenische Marine brachte die Schiffbrüchigen zum nächsten Hafen, dem winzigen Marinestützpunkt Puerto Williams, wo sie herzlich aufgenommen und mit warmen Decken und Essen versorgt wurden.

Innerhalb der nächsten drei Tage wurden die meisten Besatzungsmitglieder nach Punta Arenas geflogen, einer kleinen Stadt im südlichsten Teil Chiles. Gemeinden verschiedener Konfessionen taten sich zusammen und nahmen in rührender Weise an ihrem Schicksal Anteil. Sie öffneten ihre Häuser und nahmen die Besatzung mit viel Liebe, Wärme und Fürsorglichkeit in ihre Familien auf.

Ein paar Tage später wurden die Schiffbrüchigen nach Buenos Aires in eine Bibelschule gebracht. Dort konnten sie als Gruppe für sich zusammen wohnen. Diese Zeit war sehr wichtig. Tagelang hatten sie sich in einem Schockzustand befunden. Sie brauchten Zeit, um das Erlebte zu verarbeiten. Mehrere leitende OM-Mitarbeiter flogen nach Buenos Aires, um sie zu trösten und zu stärken.

Obwohl die Logos mehrere Stunden auf dem Riff festgesessen hatte, kam für viele der Aufruf, das Schiff zu verlassen, so unerwartet, daß keine Zeit blieb, persönliche Dinge aus den Kabinen mitzunehmen. Die meisten besaßen nur noch die Kleider auf dem Leib. Einige hatten ihre Fotoaparate dabei, weil sie Aufnahmen von der Rettungsaktion gemacht hatten. Aber sonst war wenig mitgenommmen worden. Nicht nur hatten sie Kleider, Musikinstrumente, Kassettenrecorder etc. zurückgelassen, sondern auch viele unersetzliche persönliche Dinge, wie z. B. Tagebücher, Adreßbücher, Bibelstudiumnotizen und Fotos.

Grantley Sherwood schrieb:

> »In Puerto Williams habe ich neu gelernt, was Teilen heißt: wenn sich fünfzig Jungs vier Handtücher teilen, zehn einen Kamm und zwei bis drei eine Zahnbürste. Mein Zahnbürsten-Partner war Mike aus den USA.«

In Punta Arenas und in Buenos Aires gab man der Besatzung ein wenig Geld, damit sie sich die notwendigsten Dinge kaufen konnte. Nicht nur die Christen am Ort, sondern auch Christen aus Puerto Montt in Chile, aus Panama und den Vereinigten Staaten reagierten sofort und schickten Kleidungsstücke, viele waren nagelneu. Von verschiedener Seite trafen auch Geldspenden ein, damit Verlorenes ersetzt werden konnte.

Schwieriger noch als der Verlust materiellen Besitzes war für viele der Verlust ihres Zuhauses. Einige Mitarbeiter waren erst wenige Wochen auf dem Schiff gewesen. Für andere war die Logos seit ein oder zwei Jahren oder sogar noch länger ein Zuhause. Der Leitende Ingenieur Dave Thomas war bereits siebzehn Jahre zuvor auf der Jungfernfahrt der Logos dabeigewesen. Auf dem Schiff hatte er seine Frau kennengelernt, geheiratet und eine Familie gegründet. Fast siebzehn Jahre lang hatte er alle seine Kräfte in das Schiff investiert, es instand gehalten, repariert und verbessert. Die Logos war in jeder Beziehung seine Heimat geworden.

Während die Besatzung auf Kriegsschiffen nach Puerto Williams gebracht wurde, kehrten Dave und der Leitende Offizier Tom Dyer zur Logos zurück. Drei weitere Besatzungsmitglieder waren auch dabei, kehrten aber wieder um. Die Gegenwart von Dave und Tom auf der Logos oder einem benachbarten Schiff war gesetzlich vorgeschrieben. »Aber das war nicht der eigentliche Grund, warum wir blieben«, erklärte Dave. »Ich blieb, weil ich das Schiff nicht verlassen wollte. Auch wenn ich nichts tun konnte, um es zu retten, wollte ich trotzdem bei ihm sein.«

Zwei Wochen blieben die Männer da , bevor sie wieder nach Punta Arenas zu ihren Familien reisten. In diesen zwei Wochen erwies sich die Besatzung der neben der Logos liegenden chilenischen Schiffe als sehr zuvorkommend. Sie taten alles, was in ihrer Macht stand, um Dave und Tom in diesen schweren Tagen zu helfen. Wann immer es auf der Logos zu riskant zu werden schien, wurden Dave und Tom eingeladen, auf die Kriegsschiffe zu kommen, bis sich die Lage der Logos wieder stabilisiert hatte.

Am meisten litt wahrscheinlich Kapitän Jonathan Stewart. Der Dienst der Logos war weltweit bekannt. Welche Folgen würde ihr Untergang haben? Viele Christen hatten ihren Dienst unterstützt und würden den Verlust des Schiffes als sehr schmerzlich empfinden.

In Puerto Williams wurde er offiziell in die Offiziersmesse eingeladen und nahm dort alle Mahlzeiten ein. »Mir tat die Gemeinschaft und der Zuspruch der Offiziere gut: ›Uns ist das auch schon passiert‹, sagten sie mir. Sie haben mich als einen der Ihren behandelt. Das hätten sie nicht zu tun brauchen, und es hat mir sehr geholfen.«

Mehrere Tage wurden der Kapitän und alle anderen, die zum Zeitpunkt des Unfalls auf der Kommandobrücke gewesen waren, von der chilenischen Marine lange und eingehend verhört. Der Hafenkapitän war sehr streng und recherchierte äußerst gründlich, weil ihn die internationale Bedeutung des Vorfalls unter Druck setzte.

»Ich war völlig erschöpft«, erinnert sich Kapitän Stewart. »Wenn nicht so viele für mich gebetet hätten, wäre ich unter der emotionalen Belastung und dem Druck einfach zusammengebrochen.«

Der Bericht dieser sehr detaillierten und gründlichen Untersuchung wurde an die Marinebehörden der Hauptstadt Santiago geschickt. Die behördliche Prüfung des Berichts ergab, daß kein Grund zur Anklage gegen den Kapitän, die Eigentümer des Schiffes oder den Lotsen vorlag.

Da die Logos in einem solch abgelegenen Gewässer lag, wären die Kosten für die Bergung der Gegenstände an Bord enorm hoch gewesen. Auch wäre es sehr teuer gekommen, das Schiff aus dem Weg zu räumen, damit der Schiffsverkehr nicht gefährdet wäre. Mike Poynor, verantwortlich für alle technischen Belange der OM-Schiffe, hielt es für das Beste, der chilenischen Marine anzubieten: Sie sollte die Verantwortung der Logos, so wie sie dalag, übernehmen und als Gegenleistung das Schiff behalten. Andere OM-Verantwortliche stimmten diesem Vorschlag zu. Die chilenische Marine nahm das Angebot an. Am 26. Januar wurde ihr die Logos offiziell übergeben.

Kaum jemand in OM hatte damit gerechnet, daß so viele Menschen aus der ganzen Welt auf die Nachricht vom Unglück reagieren würden. Ein Telefonapparat des Marinestützpunkts war ständig von dem Schiffsdirektor Graham Wells belegt, der die Fragen der Reporter beantwortete. In England wurde tagelang über den Vorfall berichtet. Die Schiffsleitung versuchte vergeblich, mit dem Schwesterschiff Doulos, das sich zu der Zeit gerade auf See befand, Kontakt aufzunehmen. Der Funkoffizier der Doulos war völlig schockiert, als er die erschütternde Neuigkeit durch eine BBC-Nachrichtensendung erfuhr. Aus aller Welt trafen Anfragen im Schiffsbüro in Deutschland ein, ob denn die Nachricht wirklich wahr sei.

Während sich die für das Schiff verantwortlichen OMer noch von dem Schock erholen mußten und mit dem Verbleib des Schiffes und dem Heimtransport der Besatzung beschäftigt waren, schauten viele Christen bereits in die Zukunft. Ein Freund der OM-Arbeit drückte es stellvertretend für viele so aus: »Die Logos war nicht nur ein OM-Schiff, sie war *unser* Schiff!«

Das Leben unzähliger Menschen war durch den Dienst der Logos entscheidend verändert worden. Dieser Dienst durfte nicht einfach aufhören, nur weil es die Logos nicht mehr gab. Sicherlich hatte Gott die Logos weggenommen, um OM ein größeres und geeigneteres Schiff zu schenken! Viele Christen ergriffen die Initiative und spendeten für ein neues Schiff und spornten auch andere an, dafür zu geben.

Als in einer Gemeinde in Brasilien die Kollekte eingesammelt wurde, waren viele Gottesdienstbesucher so bewegt, daß sie ihre Uhren und ihren Schmuck auf den Kollektenteller legten. Eine der ersten Spenden kam aus den USA von Kindern, die ihre Groschen und Pfennige zusammengespart hatten. Christliche Organisationen und Missionsgesellschaften riefen gemeinsam zu Spenden auf: »Viele Missionsgesellschaften haben wertvolle Mitarbeiter in Menschen gewonnen, die einen wesentlichen Teil ihrer Ausbildung an Bord eines der OM-Schiffe erhalten haben« (Evangelism Today, März 1988).

Viele Christen haben der OM-Zentrale geschrieben und ihre Anteilnahme ausgedrückt. Sie haben uns aber

auch Mut gemacht. So schrieb zum Beispiel Bayo Famo-
nure, der stellvertretende Geschäftsführer der »Calvary
Ministries« in Nigeria:

> »Wir möchten unser tiefes Mitgefühl wegen des
> Verlustes der Logos zum Ausdruck bringen …
> Der Herr läßt manches zu, was wir nicht ganz ver-
> stehen, aber wir wissen, daß unser Erlöser lebt
> und sich in allen Situationen verherrlichen will …«

Ein nigerianisches Sprichwort sagt: »Wenn der Palast
eines Königs niederbrennt, ebnet das Feuer den Weg für
einen besseren und schöneren Palast.« Das ist unser
Gebet für die Logos: daß ihr Verlust den Weg für ein
neues und besseres Schiff ebnen möge.

Nachtrag

Dutzende von Schiffen lagen vor Piräus, dem größten Hafen Griechenlands. Auf einem von ihnen, einer zwanzig Jahre alten Fähre, wurde am Steven eine kleine Stellage vom Deck herabgelassen. Ein junger Mann ließ sich zu ihr herunter. Er war mit Pinseln und weißer Farbe ausgerüstet und begann, den griechischen Namen Argo zu überstreichen. Bald war von der ursprünglichen Aufschrift nichts mehr zu sehen. Etwas später schauten einige Leute zu, wie der junge Mann sorgfältig einen neuen griechischen Namen aufmalte: Logos II.

Zehn Monate waren seit dem Verlust der Logos vergangen. Die vielen Gebete und großzügigen Spenden von Christen aus aller Welt hatten OM angespornt, auf die Suche nach einem Ersatzschiff für die Logos zu gehen. Es müßte ein Schiff sein, das sich nicht nur für diesen einzigartigen Dienst eignen, sondern auch zu einem akzeptablen Preis erhältlich sein sollte. Nach einigen Monaten intensiven Suchens wurde im September 1988 ein solches Schiff gefunden. Vier Wochen später war der Kauf der Logos II perfekt.

In bester Stimmung trat die Mannschaft die Jungfernfahrt der Logos II nach Amsterdam in Holland an. Jeder spürte, hier erlebte er ein bedeutsames Ereignis mit. In den kommenden Monaten mußte das Schiff zunächst überholt werden. Das würde harte Arbeit und immense Kosten bedeuten. Aber die Mannschaft war sicher, daß Gott das gute Werk, das er angefangen hatte, auch zu Ende führen würde. So war es bei der Logos gewesen, und so würde er es auch für die Logos II tun.

Wenn Sie die Aussage dieses Buches berührt hat und Sie gerne mehr über die Arbeit der Logos II erfahren möchten, dann schreiben Sie bitte an:

OM Schiffe
Postfach 1561
D-74819 MOSBACH

Daten und Fakten

Zwischen Oktober 1970 (Dänemark/Kopenhagen) und Januar 1988 (Argentinien/Ushuaia) legte die Logos 231 250 Seemeilen zurück und legte dabei 401mal in 258 verschiedenen Häfen in 103 Ländern an.

In diesen Jahren besuchten ca. 7,48 Millionen Menschen den Büchermarkt, 370 000 nahmen an Veranstaltungen an Bord teil. Darüber hinaus besuchten über 2 Millionen Menschen von Logos-Mitarbeitern durchgeführte Veranstaltungen an Land. Über 4 000 Männer und Frauen nahmen an dem Schulungsprogramm an Bord teil.

Etwa 51 Millionen christliche Schriften wurden verteilt, davon waren 450 000 Bibeln oder Neue Testamente. Ungefähr 1,6 Millionen christliche Bücher und 3,5 Millionen Lehr- und Sachbücher wurden verkauft. Tausende entschieden sich, Jesus Christus als ihren Herrn und Retter anzuerkennen. Viele andere bestätigen heute, daß sie durch den Dienst der Logos den entscheidenden Anstoß bekamen, sich vollzeitlich in christlicher Arbeit einzusetzen.

Baujahr: 1949 Dänemark
Vermessung: 2 319 t
Maße
  Länge: 82 m
  Breite: 13,44 m
  Tiefgang: 5,50 m
Kapazität: 144 Personen

Kapitäne

Björn Kristiansen (N)	Oktober 1970 – Oktober 1972
George Paget (GB)	Oktober 1972 – Mai 1977
Jonathan Stewart (GB)	Mai 1977 – Oktober 1977
George Paget (GB)	Oktober 1977 – Juni 1978
Neil Porter (GB)	Juni 1978 – März 1979
Simon Cheeren (IND)	März 1979 – Juni 1980
Dennys Collins (GB)	Juni 1980 – Februar 1981
Tage Benson (S)	Februar 1981 – Juli 1981
Pertti Merisalo (SF)	August 1981 – August 1983
Dietrich Krieghoff (D)	August 1983 – September 1983
Pertti Merisalo (SF)	September 1983 – März 1984
Tage Benson (S)	März 1984 – Mai 1985
Dallas Parker (USA)	Mai 1985 – Juni 1985
Jonathan Stewart (GB)	Juni 1985 – Mai 1986
Dallas Parker (USA)	Mai 1986 – September 1986
Jonathan Stewart (GB)	September 1986 – Juli 1987
Tom Dyer (USA)	August 1987 – Oktober 1987
Jonathan Stewart (GB)	Oktober 1987 – Januar 1988

Leitende Ingenieure

John Yarr (AUS)	Oktober 1970 – Februar 1973
Mike Poynor (USA)	Februar 1973 – April 1975
Rex Worth (GB)	April 1975 – Dezember 1975
Mike Poynor (USA)	Dezember 1975 – Juli 1976
Dave Thomas (GB)	August 1976 – November 1978
Leen Schotte (NL)	Dezember 1978 – August 1980
Johannes Thomsen (DK)	September 1980 – Oktober 1982
Dave Thomas (GB)	Oktober 1982 – Dezember 1985
Elon Alva (IND)	Dezember 1985 – Januar 1986
Dave Thomas (GB)	Januar 1986 – November 1986
Elon Alva (IND)	Dezember 1986 – März 1987
Dave Thomas (GB)	März 1987 – Januar 1988

Direktoren

George Verwer (USA)	Oktober 1970 – Oktober 1971
George Miley (USA)	Oktober 1971 – Januar 1976 (in diesen Jahren hat George Verwer George Miley mehrmals vertreten.)
Dave Hicks (USA)	Januar 1976 – Mai 1976
George Miley (USA)	Juni 1976 – Mai 1977
Dave Hicks (USA)	Juni 1977 – März 1980
Allan Adams (AUS)	April 1980 – Oktober 1984
Frank Fortunato (USA)	Oktober 1984 – Oktober 1985
Manfred Schaller (D)	November 1985 – Oktober 1987
Graham Wells (GB)	Oktober 1987 – Januar 1988